ドリル王国へようこそ!!

王様になるために毎日がんばっているよ！

JN111083

ドリルじい

1
勉強するときは、このドリルをつかっているよ！
2
そっ、それは！

3
しっかり練習できて…
切り取れる！
キリトリ

4
がんばりひょうがついている…
ド

5 そう…それは

ドリルの王様！

ほかにもこんなものがありますぞ！

ふろくボード
類 説 博 唱 卒 初 好

ふくとキレイに！

プリンターをつかって楽しく学べるよ！
いっしょにがんばろう!!

※「プリふれ」はブラザー販売株式会社のコンテンツです。

ドリル王子(おうじ)の日常(にちじょう)

ドリル王子(おうじ)とたんけん

ドリル王子(おうじ)とおかし

もくじ

4年の 漢字

1 きほんのドリル

三年生のおさらい (1)

目標時間 15分　合かく80点　/100点

月　日　名前

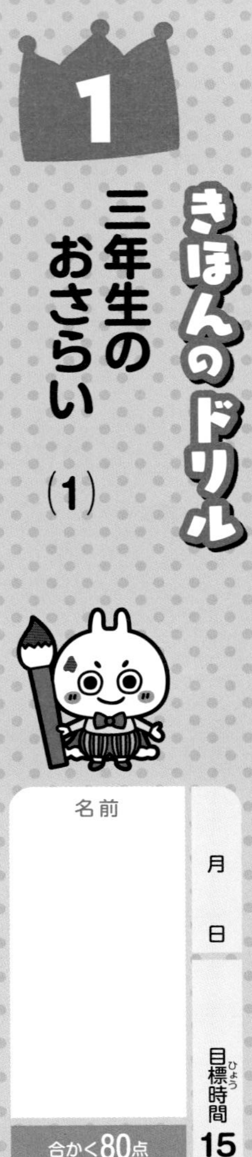

1 漢字の読みがなを書きなさい。 36点(一つ4)

① 図書館（　　）へ行く。
② 問屋（　　）を見学する。
③ 国語を勉強（　　）する。
④ 川で化石（　　）を見つける。
⑤ まず宿題（　　）をやる。
⑥ 氷山（　　）がとける。
⑦ 返事（　　）をする。
⑧ 本を整理（　　）する。
⑨ 魚の写真（　　）をとる。

2 あてはまる漢字を書きなさい。 64点(一つ8)

① ［うつく］しい花がさく。
② 子犬を［そだ］てる。
③ ［たいじゅう］をはかる。
④ ［かみさま］にねがう。
⑤ ボールを［な］げる。
⑥ ［こくばん］に書く。
⑦ ピアノを［なら］う。
⑧ 夏が［お］わる。

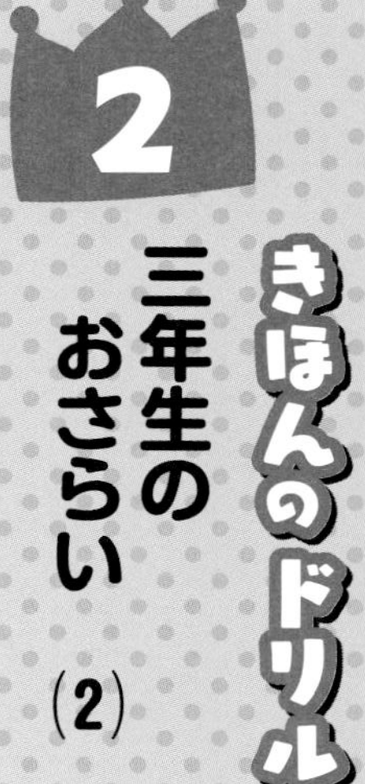

2 三年生のおさらい (2)

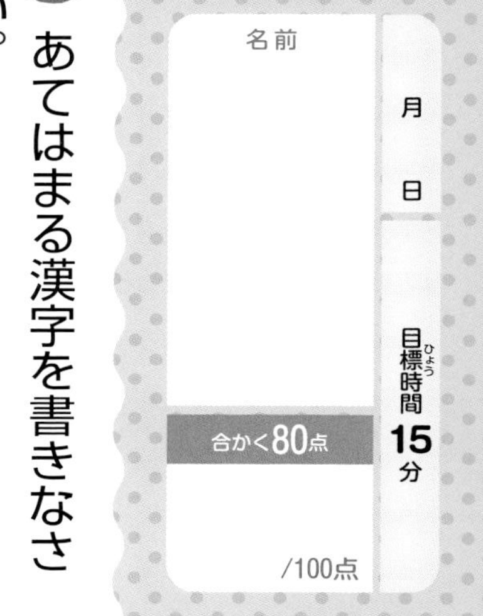

目標時間 15分　月　日　名前　合かく80点　/100点

1 漢字の読みがなを書きなさい。

36点（一つ4）

① 暑中（　　）みまいを書く。

② 身長（　　）をくらべる。

③ ぼくが打者（　　）だ。

④ 今日は調子（　　）がいい。

⑤ 明日は祭日（　　）だ。

⑥ 階（　　）だんをのぼる。

⑦ みんなで野球（　　）をする。

⑧ こん虫の研究（　　）をする。

⑨ 運動会（　　）が楽しみだ。

2 あてはまる漢字を書きなさい。

64点（一つ8）

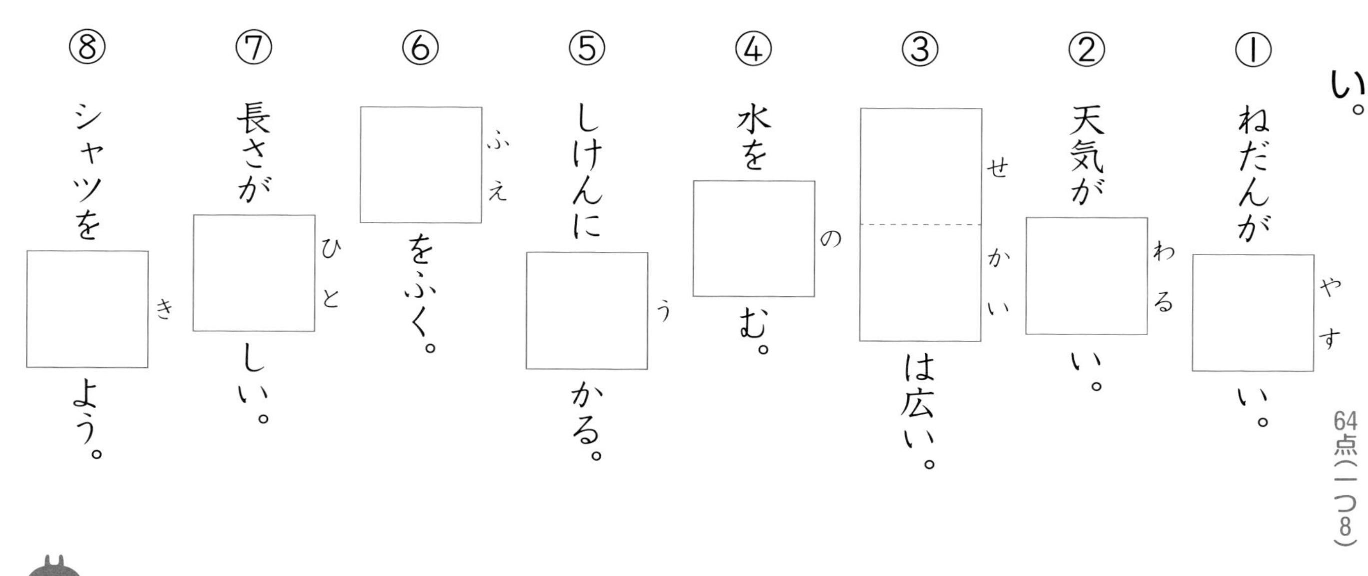

① ねだんが［やす］い。

② 天気が［わる］い。

③ ［せかい］は広い。

④ 水を［の］む。

⑤ しけんに［う］かる。

⑥ ［ふえ］をふく。

⑦ 長さが［ひと］しい。

⑧ シャツを［き］よう。

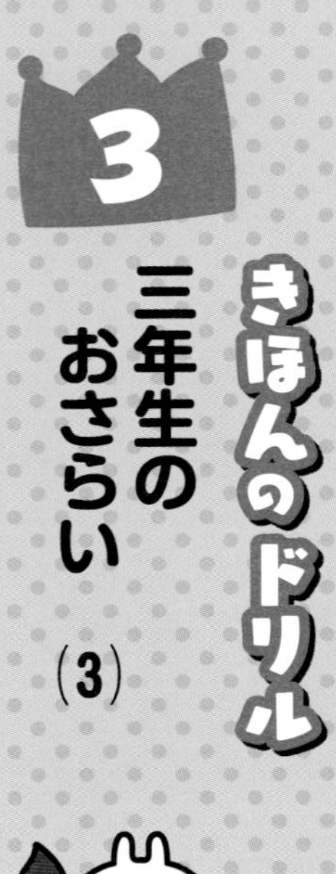

3 きほんのドリル 三年生の おさらい (3)

名前

月　日

目標時間 15分

合かく80点

/100点

1 漢字の読みがなを書きなさい。 36点（一つ4）

① よく 注意（　　）する。

② 医者（　　）になりたい。

③ 父を送りに 空港（　　）へ行く。

④ 歩道橋（　　）をわたる。

⑤ 病気（　　）になる。

⑥ 童話（　　）を読む。

⑦ なかがよい 家族（　　）。

⑧ 本の 感想（　　）をのべる。

⑨ 近くの 遊園地（　　）へ行く。

2 あてはまる漢字を書きなさい。 64点（一つ8）

① し合に □（か）つ。

② お店を □（ひら）く。

③ 朝早く □（お）きる。

④ □（しあわ）せにくらす。

⑤ かきの □（み）がなる。

⑥ 人を □（たす）ける。

⑦ 前に □（すす）む。

⑧ □（はたけ）をたがやす。

きほんのドリル 4

4画 欠・氏・井・不・夫

目標時間 15分　月　日　名前　合かく80点　/100点

書いて覚えよう！（（　）の読みは、小学校で習いません。）

漢字	画数・筆順	おん	くん	言葉	部首
欠	4画 ノ ケ ケ 欠	ケツ	かける・かく	出欠（しゅっけつ）　欠席（けっせき）　月（つき）が欠（か）ける	欠（あくび・かける）
氏（はねる）	4画 ノ ㇄ 𠂆 氏	シ	（うじ）	氏名（しめい）	氏（うじ）
井（とめる）	4画 一 二 キ 井	（セイ）（ショウ）	い	井戸（いど）	二（に）
不（とめる）	4画 一 ア 不 不	フ・ブ		不自由（ふじゆう）　不思議（ふしぎ）　不気味（ぶきみ）	一（いち）
夫（長く）	4画 一 二 キ 夫	フ（フウ）	おっと	夫人（ふじん）　農夫（のうふ）　夫（おっと）の友人（ゆうじん）	大（だい）

1 読みがなを書いてから、なぞりなさい。　20点（一つ4）

① 欠ける（　　）
② 氏名（　　）
③ 井戸（　　）
④ 不自由（　　）
⑤ 夫人（　　）

2 □にあてはまる漢字を書きなさい。

80点（一つ10）

① メンバーが□(か)けたため、試(し)合ができなかった。 ☞p.81

② かぜをひいたため、きのう□(けっ)席(せき)した。 ☞p.55

③ ここは□□(しめい)を書くところである。

④ 家のうらに古い□□(いど)がある。

⑤ 何の□□□(ふじゆう)もなく、くらすことができた。

⑥ 森の中に□□□(ぶきみ)な家があった。

⑦ あの人の□(おっと)は小説(せつ)家である。 ☞p.85

⑧ □□(のうふ)が畑仕事をしている。

⑤・⑥「ふ（ぶ）」は打ち消しの意味があります。不十分（十分でない）、不定期（定期的(てき)でない）、不休（休まない）、不用心（用心が足りない）など、意味を考えるときに役立ちます。

月　日　目標時間15分

名前

合かく80点　/100点

書いて覚えよう！

司（5画）
おん：シ
言葉：司会（しかい）　上司（じょうし）　司令官（しれいかん）
部首：口（くち）

以（5画）
おん：イ
言葉：以外（いがい）　以上（いじょう）　以下（いか）　以前（いぜん）
部首：人（ひと）

加（5画）
おん：カ
くん：くわえる　くわわる
言葉：参加（さんか）　追加（ついか）　仲間に加える（なかまにくわえる）
部首：力（ちから）

札（5画）
おん：サツ
くん：ふだ
言葉：表札（ひょうさつ）　名札（なふだ）　立て札（たてふだ）
部首：木（きへん）

失（5画）
おん：シツ
くん：うしなう
言葉：失望（しつぼう）　失敗（しっぱい）　失言（しつげん）　見失う（みうしなう）
部首：大（だい）

1 読みがなを書いてから、なぞりなさい。　20点（一つ4）

① 司会（　　）
② 以外（　　）
③ 加える（　　）
④ 名札（　　）
⑤ 失う（　　）

80点（一つ10）

2 □にあてはまる漢字を書きなさい。

① 音楽会の□□（しかい）をたのまれた。

② これ□□（いがい）の方法（ほう）を考えたほうがよい。 ☞p.35

③ この文に書き□（くわ）える。

④ 仲間（なか）に□（くわ）わる。 ☞p.19
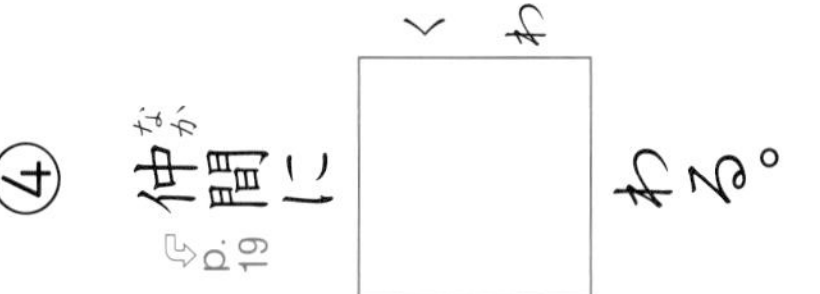

⑤ 大会に参（さん）□（か）する。 ☞p.37

⑥ 新入生は□□（なふだ）をつけている。
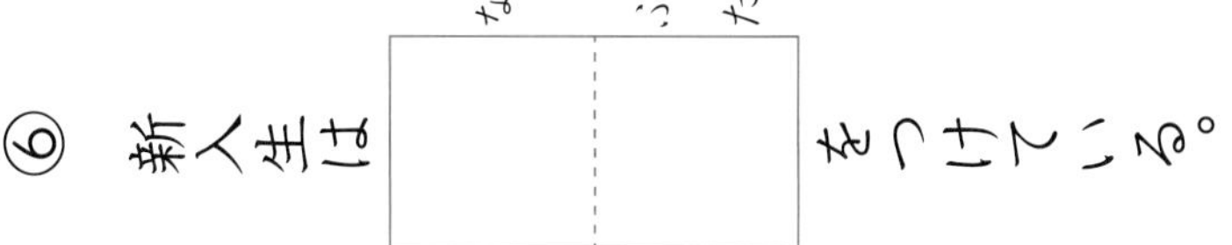

⑦ 門の□□（ひょうさつ）を作った。
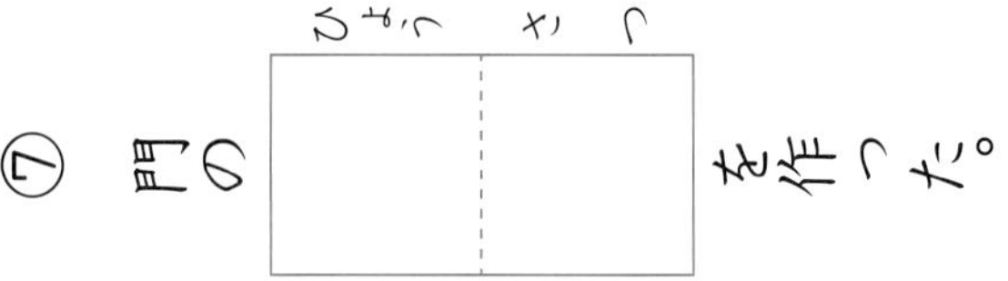

⑧ 兄のすがたを見□（うしな）った。
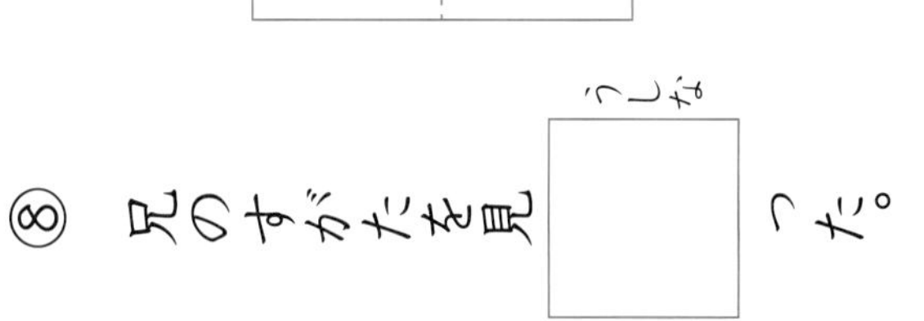

漢字には同音のものが数多くあります。②の「い」も、ほかに「衣（11ページ）」「位（21ページ）」などがあります。

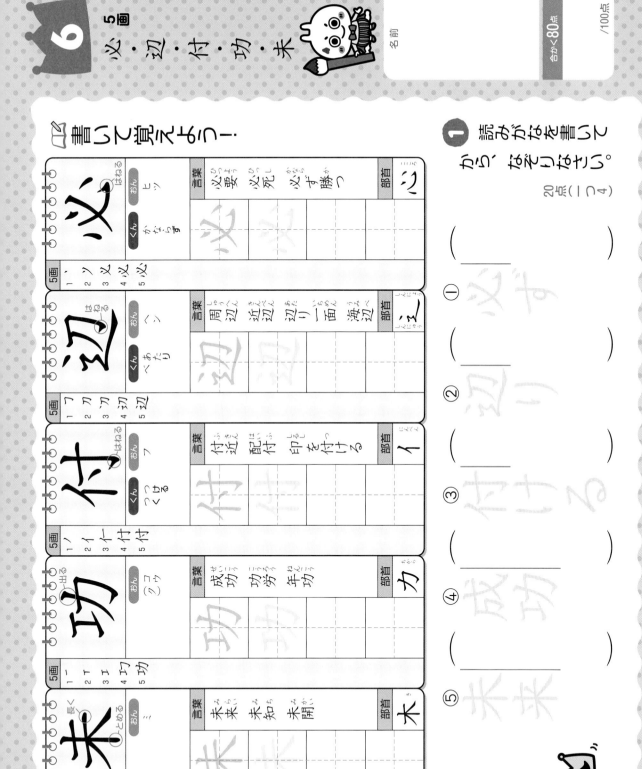

きほんのドリル 6

5画

必・辺・付・功・末

月　日

目標時間 15分

名前

合かく80点

/100点

書いて覚えよう！

必 （はねる）
- おん：ヒツ
- くん：かならず
- 言葉：必要（ひつよう）、必死（ひっし）、必ず（かならず）勝つ
- 部首：心（こころ）
- 5画：1 丶 2 ソ 3 义 4 必 5 必

辺 （はねる）
- おん：ヘン
- くん：あたり、べ
- 言葉：周辺（しゅうへん）、近辺（きんぺん）、辺り（あたり）、一面（いちめん）、海辺（うみべ）
- 部首：辶（しんにょう・しんにゅう）
- 5画：1 フ 2 刀 3 刃 4 辺 5 辺

付 （はねる）
- おん：フ
- くん：つく、つける
- 言葉：付近（ふきん）、配付（はいふ）、印（しるし）を付ける
- 部首：亻（にんべん）
- 5画：1 ノ 2 亻 3 仁 4 付 5 付

功 （出る）
- おん：コウ、（ク）
- 言葉：成功（せいこう）、功労（こうろう）、年功（ねんこう）
- 部首：力（ちから）
- 5画：1 一 2 T 3 工 4 巧 5 功

末 （長く、とめる）
- おん：マツ、（バツ）
- くん：すえ
- 言葉：末来（みらい）、未知（みち）、未開（みかい）
- 部首：木（き）
- 5画：1 一 2 二 3 キ 4 未 5 末

1 読みがなを書いてから、なぞりなさい。 20点（一つ4）

① 必ず（　　）

② 辺り（　　）

③ 付ける（　　）

④ 成功（　　）

⑤ 未来（　　）

2 □にあてはまる漢字を書きなさい。　80点(一つ10)

① □(かなら)ず勝つとちかいあう。

② 生活に□(ひつ)要(よう)な品物をそろえる。　☞p.47

③ 山の向こうは、□(あた)り一面の花畑だった。

④ 大都市の周(しゅう)□(へん)は住たく地が多い。　☞p.35

⑤ □(ふ)近にいる人にたずねる。

⑥ 手にインクを□(つ)けてしまった。

⑦ 理科の実験(けん)は大成(せい)□(こう)だった。　☞p.97　☞p.13

⑧ だれも□□(みらい)を知ることはできない。

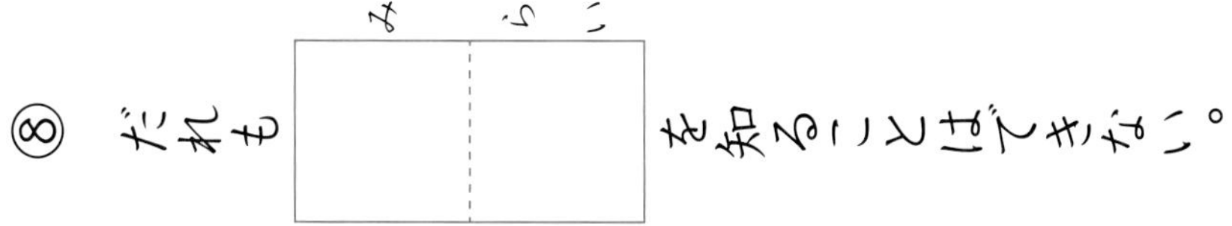

⑦「こう」のつくりは「力（ちから）」です。「刀」としないように注意しましょう。

きほんのドリル 7

5画・6画

末・民・包・令・衣

目標時間 15分　月　日　名前　合かく80点　/100点

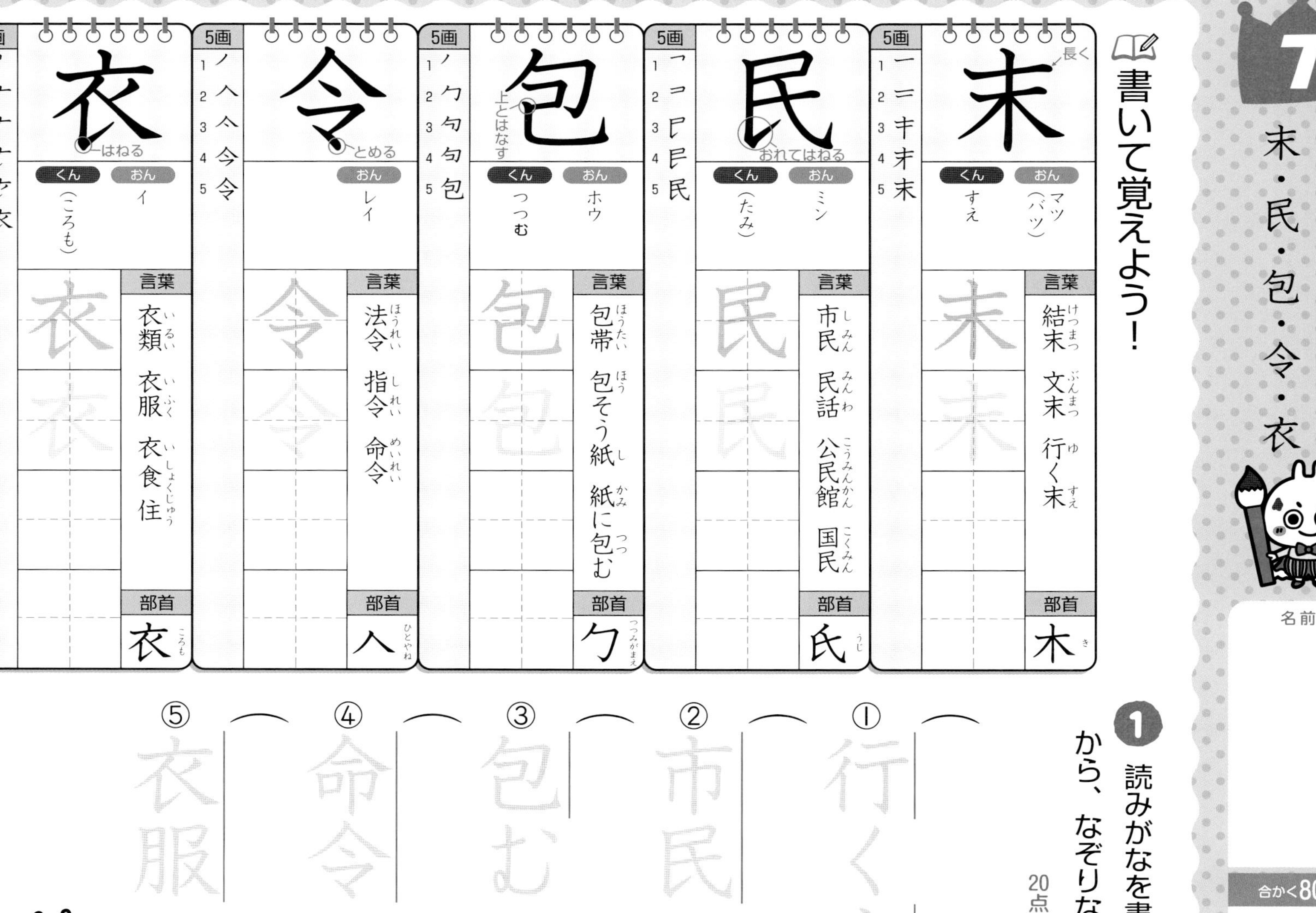

書いて覚えよう！

末　5画　おん：マツ（バツ）　くん：すえ　長く
言葉：結末（けつまつ）　文末（ぶんまつ）　行く末（ゆくすえ）
部首：木（き）

民　5画　おん：ミン　くん：（たみ）　おれてはねる
言葉：市民（しみん）　民話（みんわ）　公民館（こうみんかん）　国民（こくみん）
部首：氏（うじ）

包　5画　おん：ホウ　くん：つつむ　上とはなす
言葉：包帯（ほうたい）　包そう紙（ほうそうし）　紙に包む（かみにつつむ）
部首：勹（つつみがまえ）

令　5画　おん：レイ　とめる
言葉：法令（ほうれい）　指令（しれい）　命令（めいれい）
部首：人（ひとやね）

衣　6画　おん：イ　くん：（ころも）　はねる
言葉：衣類（いるい）　衣服（いふく）　衣食住（いしょくじゅう）
部首：衣（ころも）

1 読みがなを書いてから、なぞりなさい。　20点（一つ4）

① 行く末（　　）
② 市民（　　）
③ 包む（　　）
④ 命令（　　）
⑤ 衣服（　　）

2 □にあてはまる漢字を書きなさい。

80点（一つ10）

① 日本の行く□（すえ）を心配する。

② 物語の結（けっ）□（まつ）が楽しみだ。 ↩p.73

③ し長を決めるのは、□□（しみん）のけん利（り）である。 ↩p.25

④ 着がえをふろしきに□（つつ）んだ。

⑤ きず口に□（ほう）帯（たい）をまいてもらう。 ↩p.57

⑥ 王の□□（めいれい）には、だれもさからえなかった。

⑦ コーチから□□（しれい）を受ける。

⑧ デパートで旅行用の□（い）類（るい）を買った。 ↩p.97

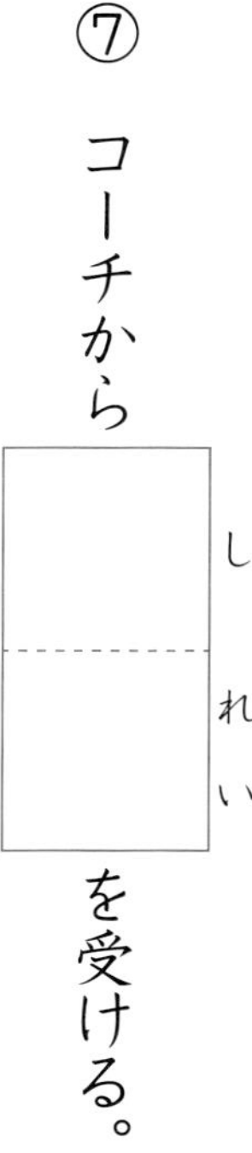

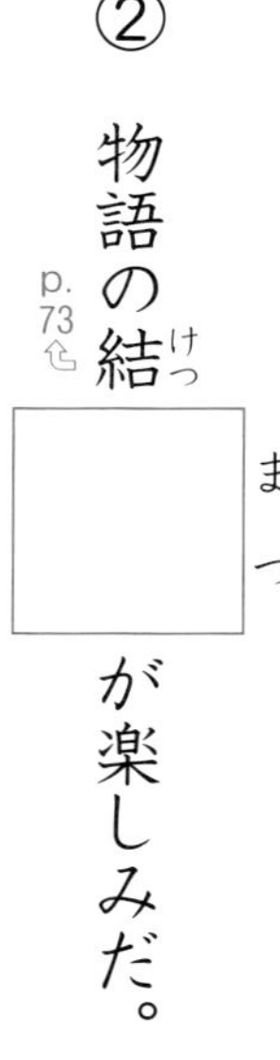
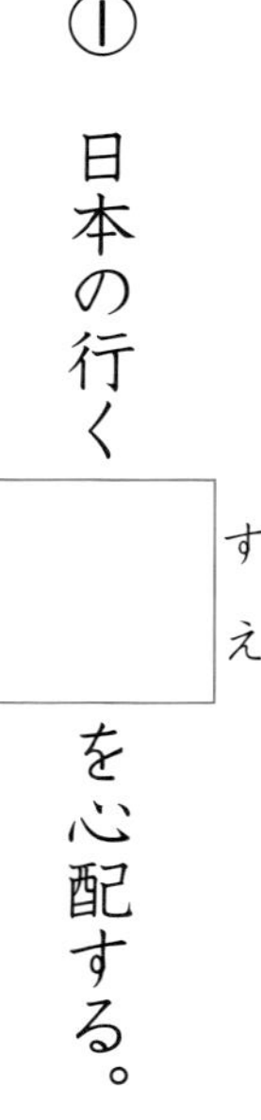

①・②は上下の横ぼうの長さに注意してね。

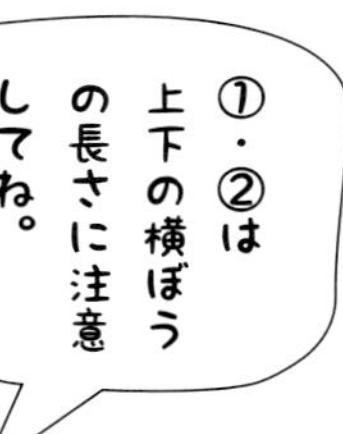

⑤の「ほう」は下の部分が「己」です。「巳」としないように注意しましょう。

きほんのドリル

8 6画 好・成・伝・老・印

目標時間 15分　月　日　名前　合かく80点　/100点

書いて覚えよう！

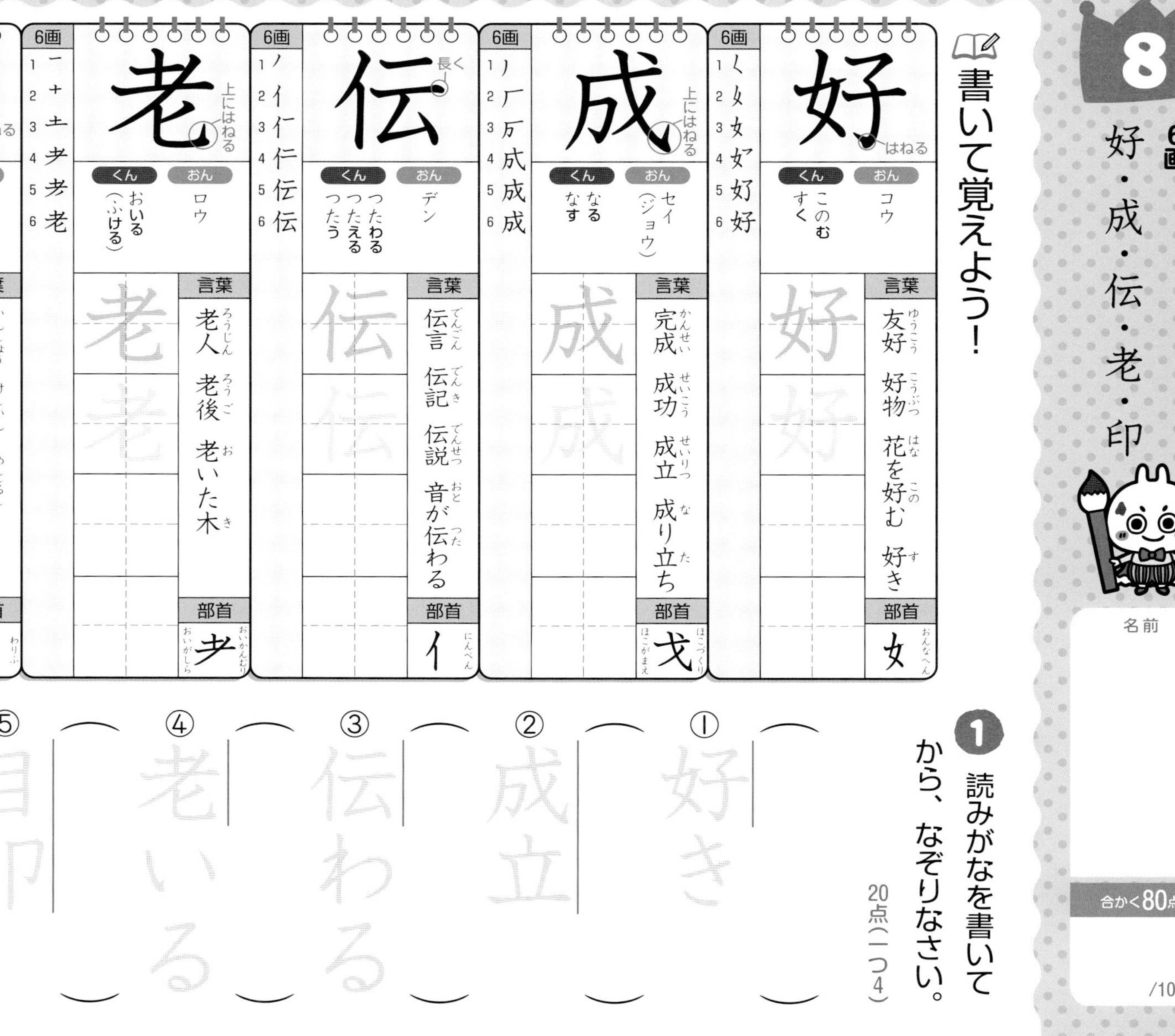

好（6画）はねる
おん：コウ
くん：このむ　すく
言葉：友好（ゆうこう）　好物（こうぶつ）　花（はな）を好（この）む　好（す）き
部首：女（おんなへん）

成（6画）上にはねる
おん：セイ（ジョウ）
くん：なる　なす
言葉：完成（かんせい）　成功（せいこう）　成立（せいりつ）　成（な）り立（た）ち
部首：戈（ほこづくり／ほこがまえ）

伝（6画）長く
おん：デン
くん：つたわる　つたえる　つたう
言葉：伝言（でんごん）　伝記（でんき）　伝説（でんせつ）　音（おと）が伝（つた）わる
部首：亻（にんべん）

老（6画）上にはねる
おん：ロウ
くん：おいる（ふける）
言葉：老人（ろうじん）　老後（ろうご）　老（お）いた木（き）
部首：耂（おいかんむり／おいがしら）

印（6画）はねる
おん：イン
くん：しるし
言葉：印象（いんしょう）　消印（けしいん）　目印（めじるし）
部首：卩（わりふ／ふしづくり）

1 読みがなを書いてから、なぞりなさい。20点（一つ4）

① 好き（　　）
② 成立（　　）
③ 伝わる（　　）
④ 老いる（　　）
⑤ 目印（　　）

2 □にあてはまる漢字を書きなさい。

80点（一つ10）

① □（す）きな食べ物について話す。

② 漢字の□（な）り立ちを調べた。

③ やっと作文を完（かん）□（せい）させた。 p.23

④ ザビエルが、日本にキリスト教を□（つた）えた。

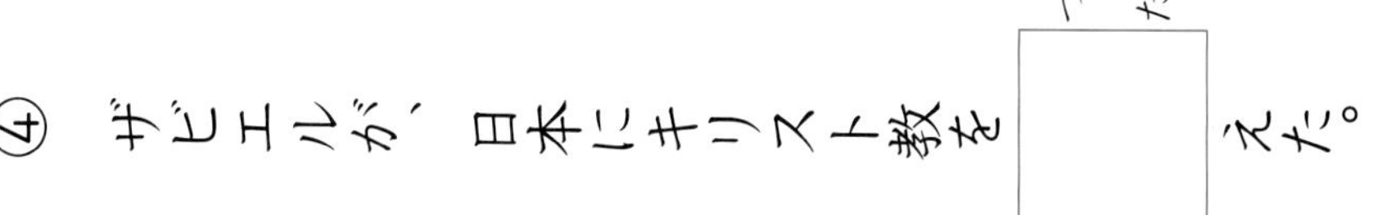

②・③の筆順（ひつじゅん）には注意してね。

⑤ 大切な□□（でんごん）がある。

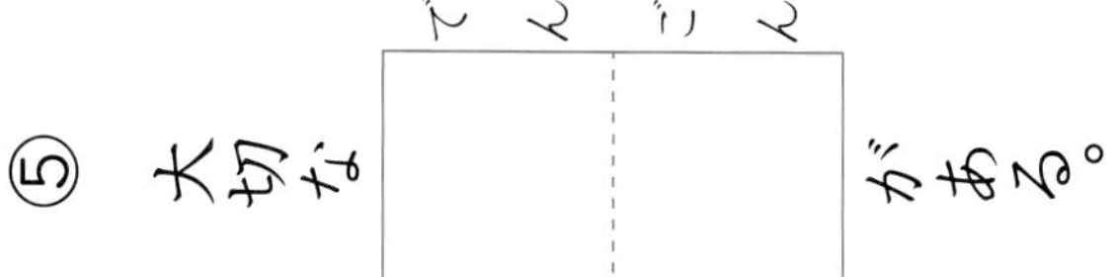

⑥ □（お）いた木だが、たくさんの実がなっている。

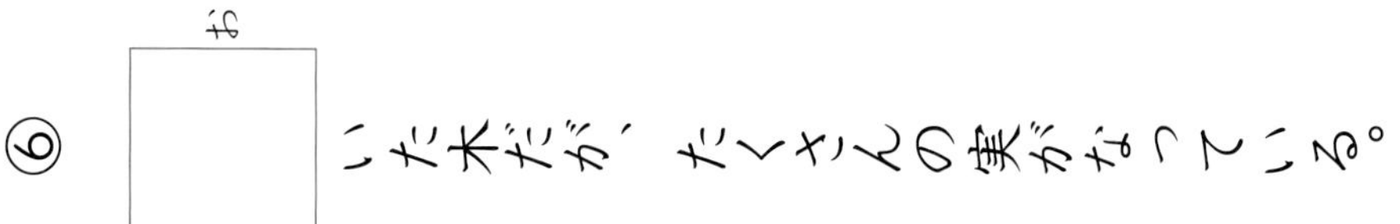

⑦ □□（ろうじん）のためのスポーツクラブができた。

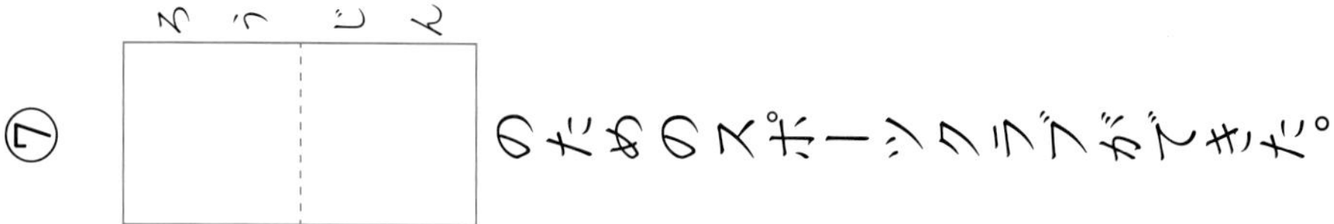

⑧ 読み終わったところに□（しるし）を付（つ）けた。 p.9

② 「なる」は、「先生になる。」「すきになる。」などと、ふつうは漢字ではなくひらがなで書きます。

9 まとめのテスト1
名前
月
日
目標時間 20分
合かく80点
/100点

1 ——の漢字の読みがなを書きなさい。 48点（一つ4）

① 老人が井戸で水をくんでいる。

② この辺りに、不気味な家がある。

③ 弟が末っ子だ。

④ 必ず発表会の司会をやってもらう。

⑤ アジア以外の国から、調べてみたい国を選ぶ。

⑥ 失敗はいつでも取りもどすことができる。

⑦ 好きな動物はコアラだ。

⑧ 薬局で包帯を買う。

⑨ たんすから、夏用の衣類を出した。

2 □にあてはまる漢字を書きなさい。

52点（一つ4）

① 月食で月が□(か)けた。

② □□(なふだ)に□□(しめい)を書く。

③ □(おっと)の帰りを待つ。

④ この物語を□□(みらい)に□(つた)えたい。

⑤ □□(しみん)が国を動かした。

⑥ 王の□□(めいれい)で、城(しろ)は五年で完(かん)□(せい)した。

⑦ □(しるし)を□(つ)けないと、帰り道がわからない。

⑧ 転校生もチームに□(くわ)わった。

⑨ 国の□(な)り立ちを調べる。

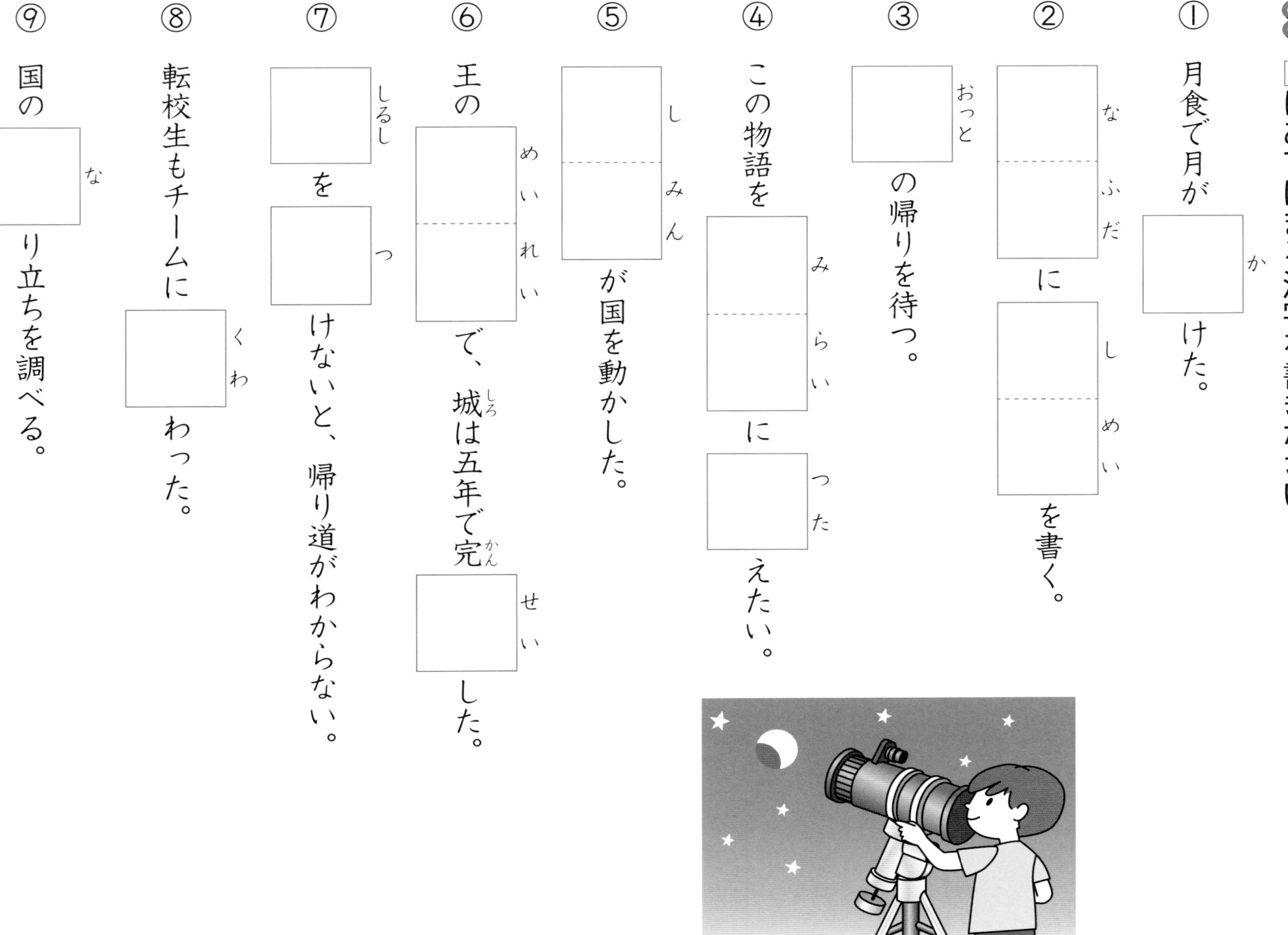

10 6画 各・争・兆・灯・共

書いて覚えよう!

各
- 6画：ノ ク 夂 夂 各 各
- おん：カク
- くん：(おのおの)
- 言葉：各選手（かくせんしゅ） 各自（かくじ） 各地（かくち） 各国（かっこく）
- 部首：口（くち）

争
- 6画：ノ ク ク 今 争 争
- おん：ソウ
- くん：あらそう
- 言葉：戦争（せんそう） 競争（きょうそう） 言い争う（いいあらそう）
- 部首：亅（はねぼう）

兆
- 6画：丿 丬 丬 兆 兆 兆
- おん：チョウ
- くん：(きざす) (きざし)
- 言葉：一兆円（いっちょうえん） 兆候（ちょうこう） 前兆（ぜんちょう）
- 部首：儿（ひとあし・にんにょう）

灯
- 6画：丶 丷 火 火 灯 灯
- おん：トウ
- くん：(ひ)
- 言葉：電灯（でんとう） 灯台（とうだい） 灯油（とうゆ）
- 部首：火（ひへん）

共
- 6画：一 十 廾 土 共 共
- おん：キョウ
- くん：とも
- 言葉：共通点（きょうつうてん） 共同（きょうどう） 共に行く（ともにいく）
- 部首：八（は）

1 読みがなを書いてから、なぞりなさい。 20点(一つ4)

① 各地（　　　）

② 争う（　　　）

③ 一兆円（　　　）

④ 電灯（　　　）

⑤ 共に（　　　）

2 □にあてはまる漢字を書きなさい。

80点（一つ10）

① □□（かくち）から人が集まってきた。

② 夏の暑い日、兄と先を□（あらそ）ってプールに飛（と）びこんだ。 ☞p.45

③ 地球上から戦（せん）□（そう）をなくしたい。 ☞p.83

④ 一□（ちょう）は、一億（おく）の一万倍の数である。 ☞p.95

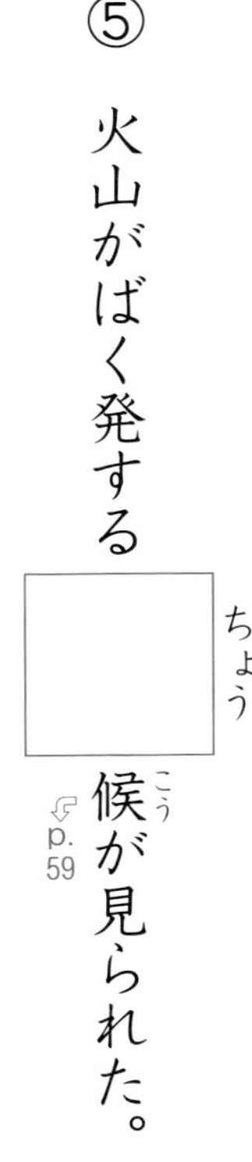

⑤ 火山がばく発する□（ちょう）候（こう）が見られた。 ☞p.59

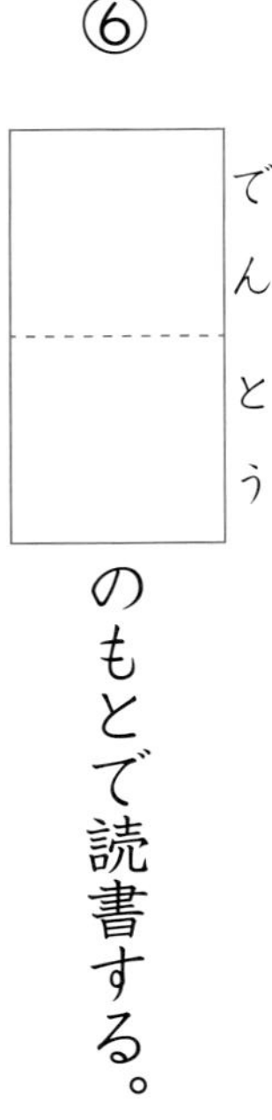

⑥ □□（でんとう）のもとで読書する。

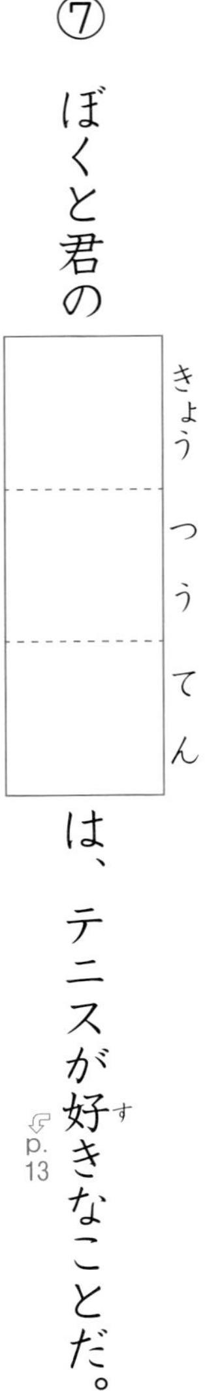

⑦ ぼくと君の□□□（きょうつうてん）は、テニスが好（す）きなことだ。 ☞p.13

⑧ 幸せを□（とも）に分かちあった。

漢字は、表意（ひょうい）文字といって、一つ一つ意味をもっています。意味を考えながら書きましょう。同じ読みでも別（べつ）の漢字を書かないように注意しましょう。

11 きほんのドリル

6画・7画　仲・沖・岐・佐・阪

名前　　月　日　目標時間 15分　合かく80点　/100点

書いて覚えよう！

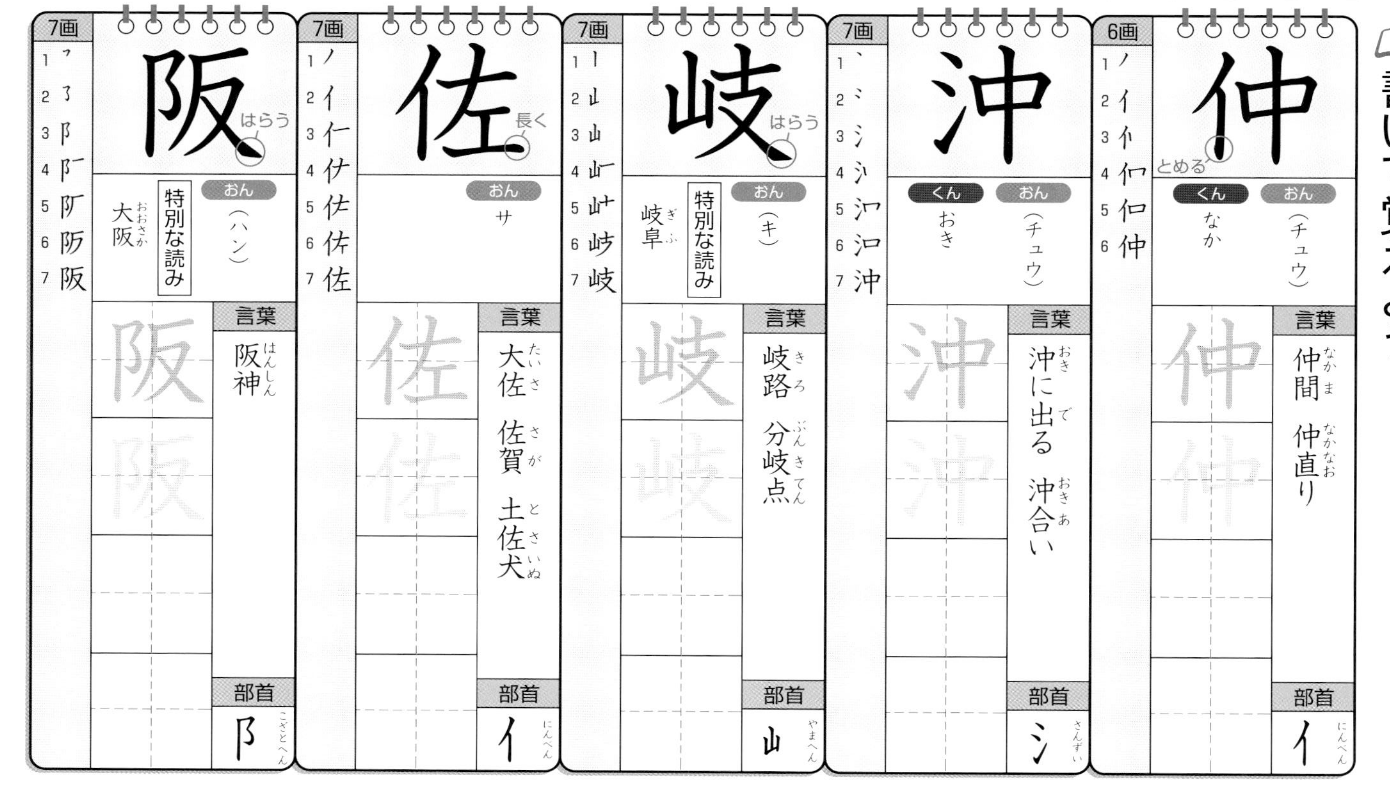

仲（6画）
1 ノ　2 亻　3 亻　4 仁　5 们　6 仲
おん（チュウ）　くん なか　とめる
言葉：仲間（なかま）　仲直り（なかなおり）
部首：亻（にんべん）

沖（7画）
1 丶　2 冫　3 氵　4 氵　5 沪　6 沪　7 沖
おん（チュウ）　くん おき
言葉：沖に出る（おきにでる）　沖合い（おきあい）
部首：氵（さんずい）

岐（7画）
1 丨　2 山　3 山　4 山　5 屿　6 岐　7 岐
おん（キ）　はらう
特別な読み：岐阜（ぎふ）
言葉：岐路（きろ）　分岐点（ぶんきてん）
部首：山（やまへん）

佐（7画）
1 ノ　2 亻　3 仁　4 什　5 佐　6 佐　7 佐
おん サ　長く
言葉：大佐（たいさ）　佐賀（さが）　土佐犬（とさいぬ）
部首：亻（にんべん）

阪（7画）
1 阝　2 阝　3 阝　4 阝　5 阝　6 阪　7 阪
おん（ハン）　はらう
特別な読み：大阪（おおさか）
言葉：阪神（はんしん）
部首：阝（こざとへん）

1 読みがなを書いてから、なぞりなさい。　20点（一つ4）

①仲間（　　）
②沖合い（　　）
③岐阜（　　）
④土佐犬（　　）
⑤大阪（　　）

2 □にあてはまる漢字を書きなさい。 80点（一つ10）

① サッカーチームに□□（なか ま）入りをする。

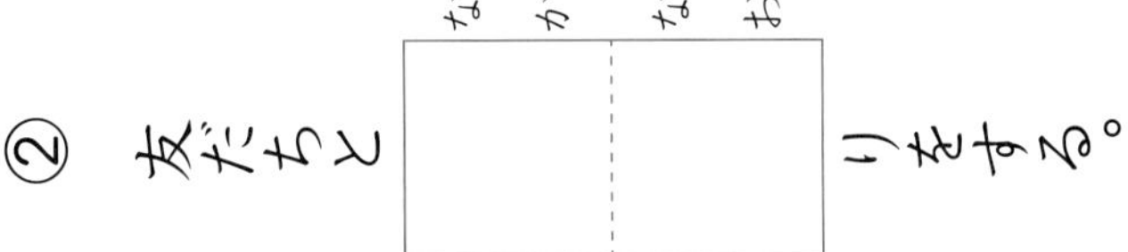
② 友だちと□□（なか なお）りをする。

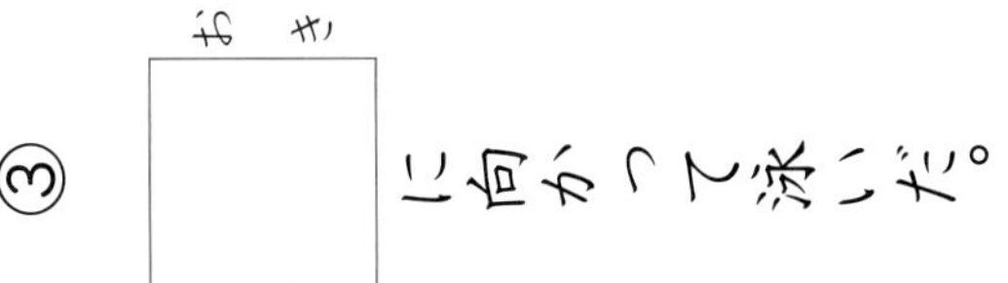
③ □（おき）に向かって泳いだ。

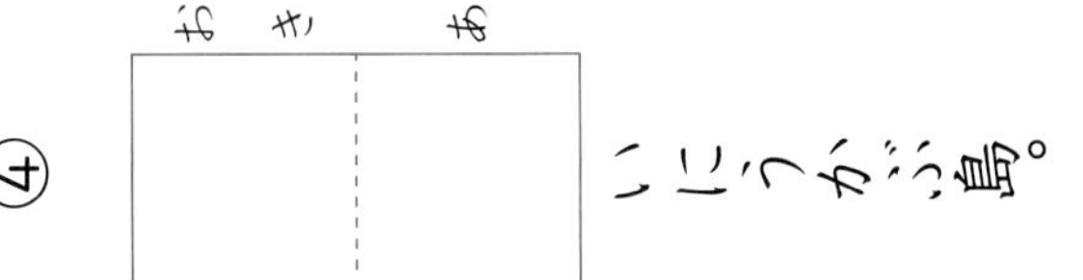
④ □□（おき あ）いにうかぶ島。

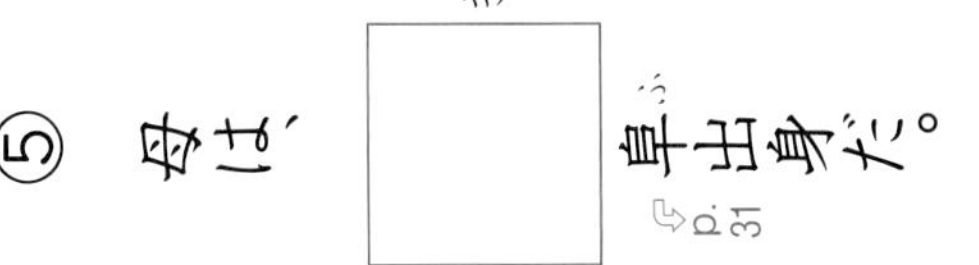
⑤ 母は、□（ぎ）阜（ふ）出身だ。 ☞p.31

⑥ □（さ）賀（が）に旅行に行く。 ☞p.71

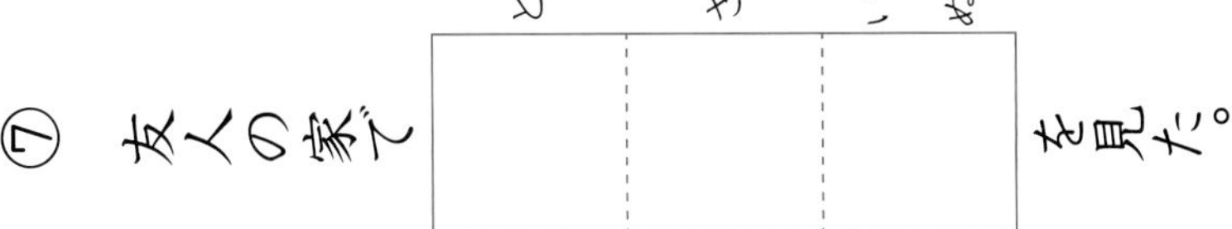
⑦ 友人の家で□□□（と さ いぬ）を見た。

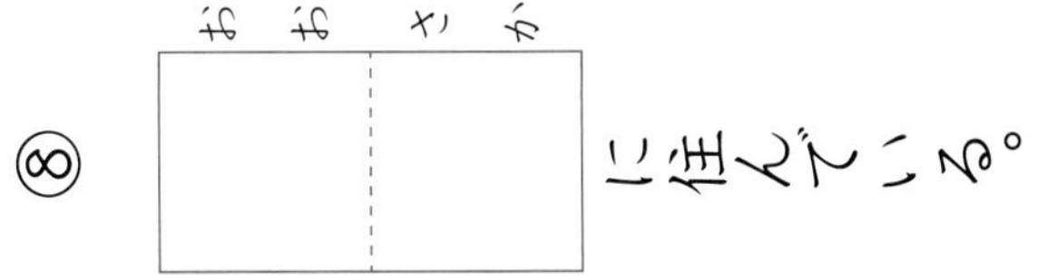
⑧ □□（おお さか）に住んでいる。

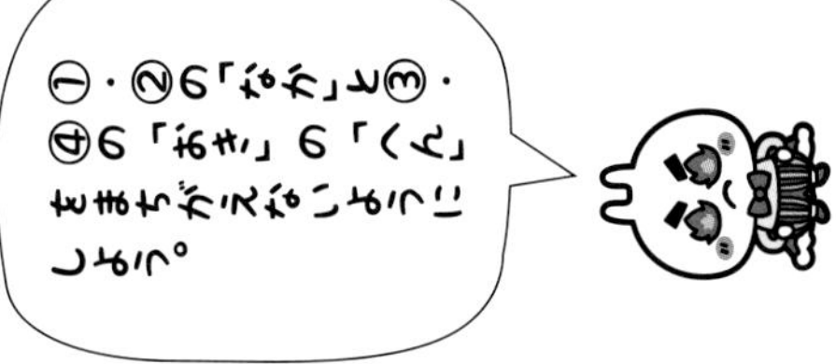

①・②の「なか」と③・④の「おき」は形がよく似（に）ています。

きほんのドリル

12 別・児・位・希・良（7画）

名前　　月　日

目標時間 15分

合かく80点　/100点

書いて覚えよう！

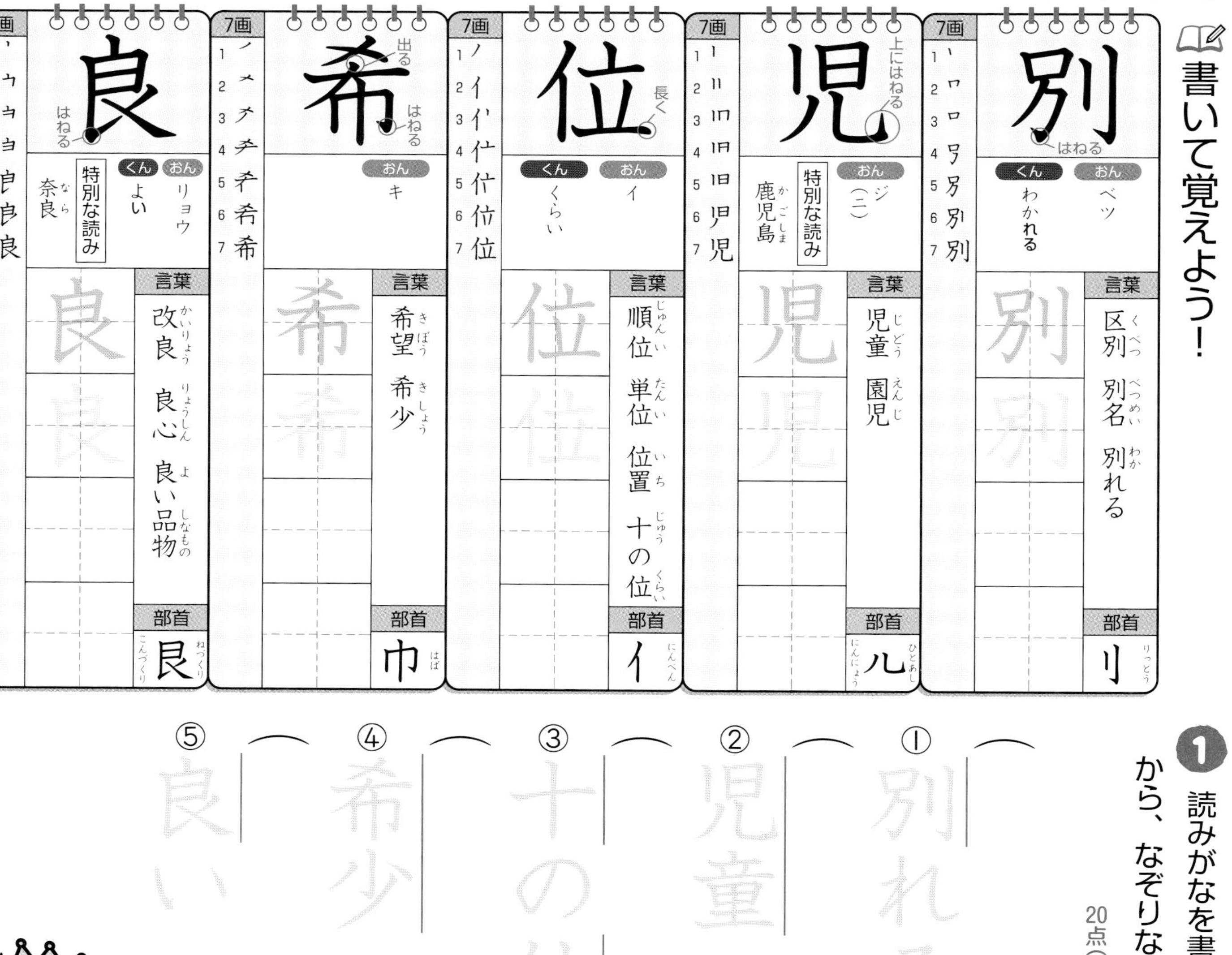

別（7画）
おん：ベツ
くん：わかれる
言葉：区別（くべつ）　別名（べつめい）　別れる（わかれる）
部首：刂（りっとう）

児（7画）
おん：ジ（ニ）
特別な読み：鹿児島（かごしま）
言葉：児童（じどう）　園児（えんじ）
部首：儿（ひとあし・にんにょう）

位（7画）
おん：イ
くん：くらい
言葉：順位（じゅんい）　単位（たんい）　位置（いち）　十の位（じゅうのくらい）
部首：亻（にんべん）

希（7画）
おん：キ
言葉：希望（きぼう）　希少（きしょう）
部首：巾（はば）

良（7画）
おん：リョウ
くん：よい
特別な読み：奈良（なら）
言葉：改良（かいりょう）　良心（りょうしん）　良い品物（よいしなもの）
部首：艮（ねづくり・こんづくり）

1 読みがなを書いてから、なぞりなさい。　20点（一つ4）

① 別れる（　　）
② 児童（　　）
③ 十の位（　　）
④ 希少（　　）
⑤ 良い（　　）

80点（一つ10）

2 □にあてはまる漢字を書きなさい。

① 駅で友だちと□（わか）れる。

② 遊びと勉強とをしっかり□□（くべつ）する。

③ □□（じどう）公園に集まる。

④ 十の□（くらい）以下は、切りすてて計算する。 p.7

⑤ テストの成（せい）せき順（じゅん）□（い）をはりだす。 p.13 p.79

⑥ 長年の□（き）望（ぼう）がかなう。 p.65

⑦ 今日は、とても天気が□（よ）い。

⑧ 道具を改（かい）□（りょう）したので、使いやすくなった。 p.25

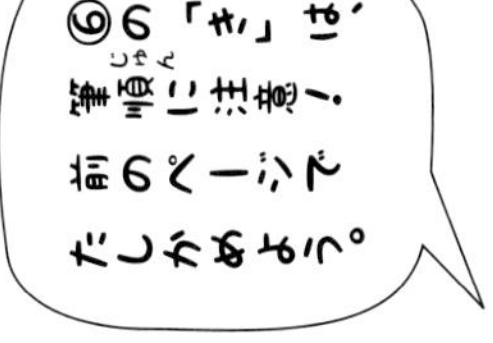

⑥の「き」は、
筆順（ひつじゅん）に注意！
前のページで
たしかめよう。

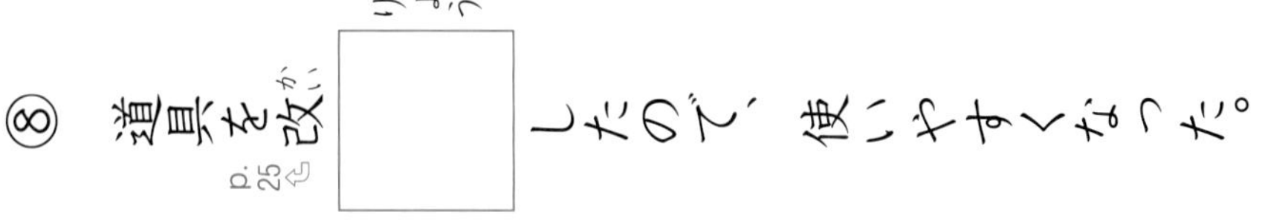

漢字は、「音（おん）（読み）」、「義（ぎ）（意味）」、「形（けい）（字体・字形）」の三つを常（つね）におさえて練習することが大切です。

13 きほんのドリル

7画 労・臣・完・兵・努

名前　　月　　日　　目標時間（もくひょうじかん）15分　　合かく80点　　/100点

書いて覚えよう！

労
出る

おん：ロウ

言葉：労働（ろうどう）　苦労（くろう）　心労（しんろう）

部首：力（ちから）

7画：1 丶　2 ⺍　3 ⺍　4 ⺌　5 ⺍冖　6 学　7 労

臣
出ない

おん：シン　ジン

言葉：臣下（しんか）　家臣（かしん）　大臣（だいじん）

部首：臣（しん）

7画：1 丨　2 厂　3 𠂆　4 円　5 円　6 臣　7 臣

完
上にはねる

おん：カン

言葉：完成（かんせい）　完全（かんぜん）　完勝（かんしょう）

部首：宀（うかんむり）

7画：1 丶　2 ⺀　3 宀　4 宀　5 宀　6 宇　7 完

兵
とめる

おん：ヘイ　ヒョウ

言葉：兵隊（へいたい）　兵器（へいき）　出兵（しゅっぺい）　兵庫（ひょうご）

部首：八（は）

7画：1 ノ　2 厂　3 斤　4 斤　5 丘　6 兵　7 兵

努
出る

くん：つとめる

おん：ド

言葉：努力（どりょく）　完成に努める（かんせいにつとめる）

部首：力（ちから）

7画：1 く　2 女　3 女　4 奴　5 奴　6 努　7 努

1 読みがなを書いてから、なぞりなさい。　20点（一つ4）

① 苦労（　　）

② 家臣（　　）

③ 完成（　　）

④ 兵隊（　　）

⑤ 努める（　　）

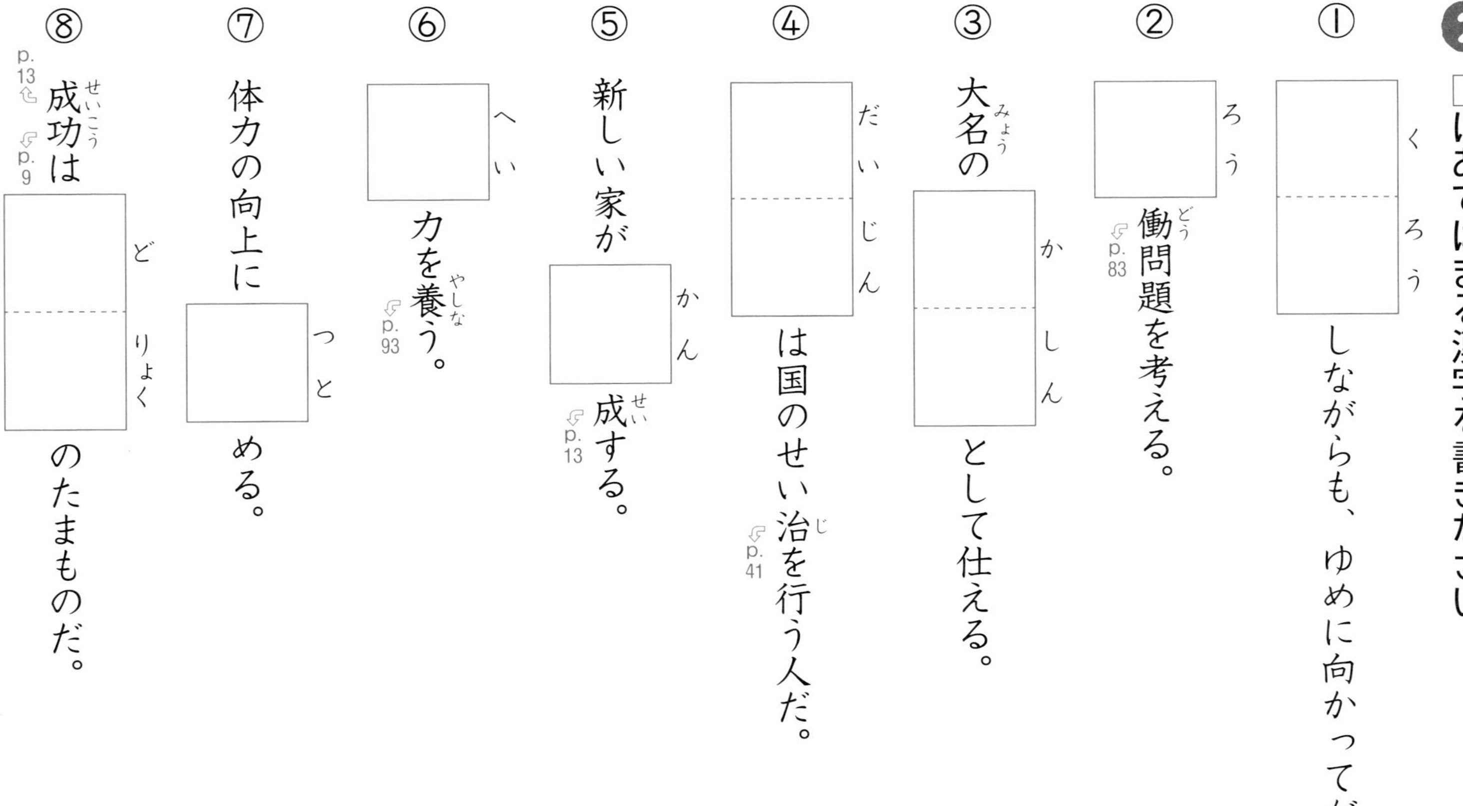

2 □にあてはまる漢字を書きなさい。　80点（一つ10）

① □□(くろう)しながらも、ゆめに向かってがんばる。

② □(ろう)働(どう)問題を考える。 p.83

③ 大名(みょう)の□□(かしん)として仕える。

④ □□(だいじん)は国のせい治(じ)を行う人だ。 p.41

⑤ 新しい家が□(かん)成(せい)する。 p.13

⑥ □(へい)力を養(やしな)う。 p.93

⑦ 体力の向上に□(つと)める。

⑧ 成功(せいこう)は□□(どりょく)のたまものだ。 p.9 p.13

⑦「つとめる」には、「務める」（五年で学習）、「勤める」（六年で学習）といった同じ訓(くん)の漢字があるので注意しましょう。⑦は「いっしょうけんめいがんばる」という意味です。

14 きほんのドリル

7画 改・芸・求・利・初

名前　　月　日

目標時間 15分

合かく80点　/100点

書いて覚えよう！

改（はらう）
- おん：カイ
- くん：あらためる、あらたまる
- 言葉：改良（かいりょう）、改正（かいせい）、行い（おこな）を改める（あらた）
- 部首：攵（のぶん・ぼくづくり）
- 7画：1 ㇇ 2 コ 3 己 4 己' 5 己'' 6 改 7 改

芸（上より長く）
- おん：ゲイ
- 言葉：学芸会（がくげいかい）、手芸教室（しゅげいきょうしつ）
- 部首：艹（くさかんむり）
- 7画：1 一 2 十 3 廾 4 廿 5 芸 6 芸 7 芸

求（はねる）
- おん：キュウ
- くん：もとめる
- 言葉：要求（ようきゅう）、求人（きゅうじん）、追求（ついきゅう）、求める（もと）
- 部首：水（みず）
- 7画：1 一 2 寸 3 寸 4 才 5 求 6 求 7 求

利（はねる）
- おん：リ
- くん：（きく）
- 言葉：便利（べんり）、利用（りよう）、利子（りし）、不利（ふり）
- 部首：刂（りっとう）
- 7画：1 ノ 2 二 3 千 4 禾 5 禾 6 利 7 利

初（出ない）
- おん：ショ
- くん：はじめ、はじめて、はつ・（うい）、（そめる）
- 言葉：初日（しょにち）、最初（さいしょ）、年（とし）の初め（はじ）、初雪（はつゆき）
- 部首：刀（かたな）
- 7画：1 丶 2 ラ 3 ネ 4 ネ 5 ネ 6 初 7 初

1 読みがなを書いてから、なぞりなさい。 20点（一つ4）

① 改める（　　　）
② 手芸（　　　）
③ 求める（　　　）
④ 便利（　　　）
⑤ 初め（　　　）

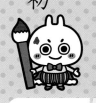

2 □にあてはまる漢字を書きなさい。　80点（一つ10）

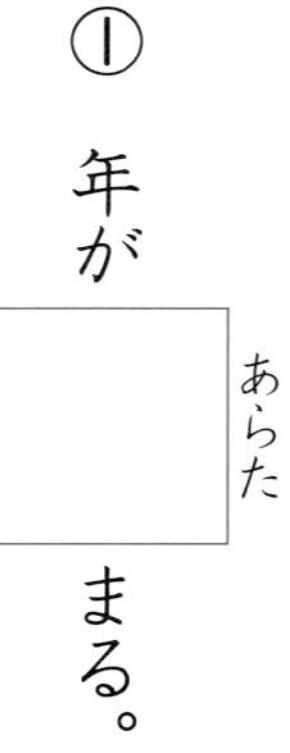

① 年が□（あらた）まる。

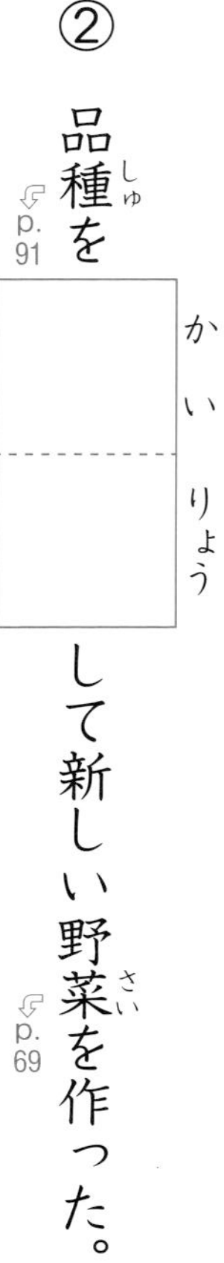

② 品種（しゅ）を□□（かいりょう）して新しい野菜（さい）を作った。 ☞p.91　☞p.69

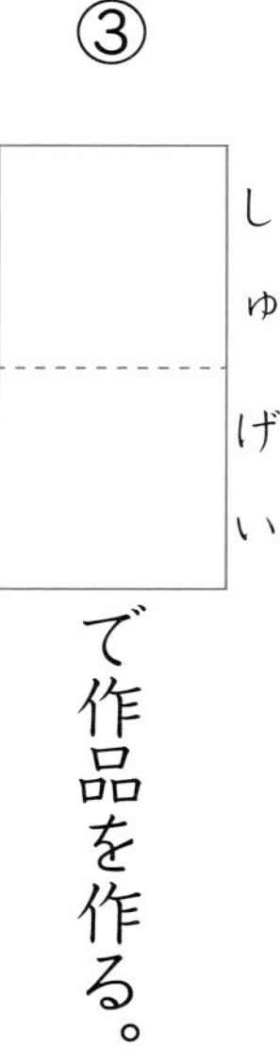

③ □□（しゅげい）で作品を作る。

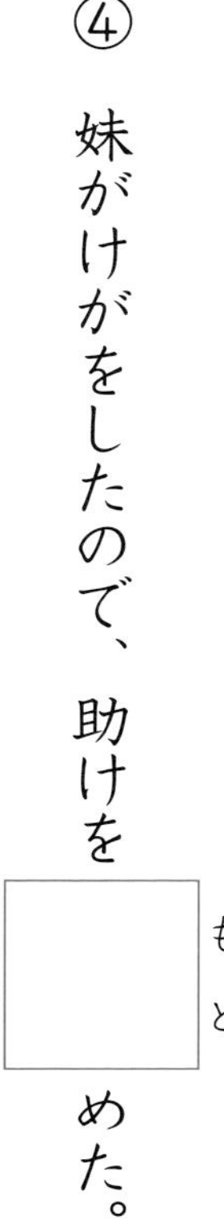

④ 妹がけがをしたので、助けを□（もと）めた。

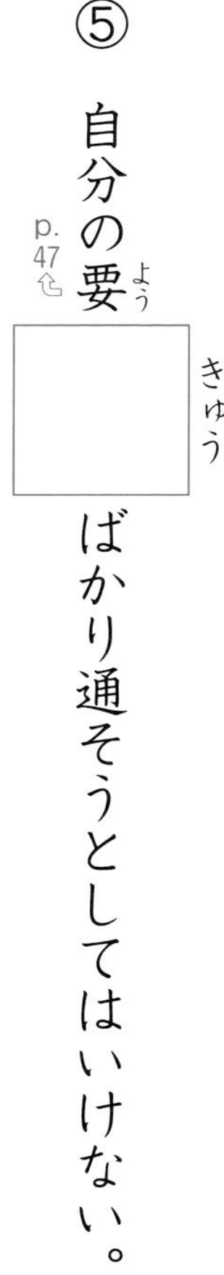

⑤ 自分の要（よう）□（きゅう）ばかり通そうとしてはいけない。 ☞p.47

⑥ 自転車があると、買い物に便（べん）□（り）だ。 ☞p.49

⑦ 節（せつ）分は二月□（はじ）めにある行事だ。 ☞p.81

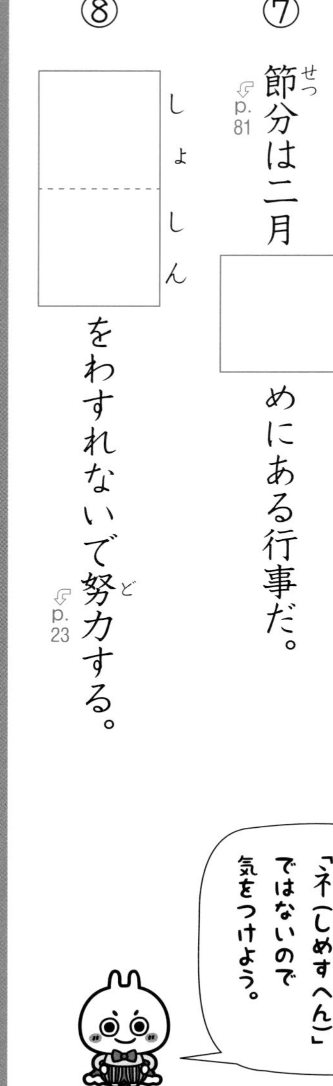

⑧ □□（しょしん）をわすれないで努（ど）力する。 ☞p.23

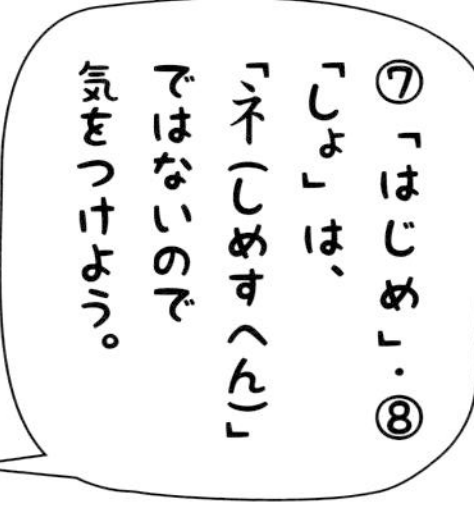

⑦「はじめ」・⑧「しょ」は、
「ネ（しめすへん）」
ではないので
気をつけよう。

④・⑤は最後（さいご）の点「、」を忘（わす）れないようにしましょう。

1 ——の漢字の読みがなを書きなさい。　48点（一つ4）

①（　）初めて、友だちと言い（　）争った。

②（　）土佐犬を近くで見る。

③（　）公平になるよう、ルールを（　）改める。

④（　）田中（たなか）君は、（　）共にサッカーをした（　）仲間だ。

⑤（　）一（　）兆円は想ぞうができない。

⑥（　）大阪地区の地図をさがす。

⑦（　）苦労したが、（　）家臣となることができた。

⑧（　）希望（ぼう）をかなえるためにがんばる。

⑨（　）児童会で町内のそうじをした。

2 □にあてはまる漢字を書きなさい。

52点（一つ4）

① 百と千の□（くらい）の間にコンマを書く。

② 平和を□（もと）めて行進する。

③ □（へい）隊（たい）が□（おき）に船を出す。

④ 近くに駅ができて、便（べん）□（り）になった。

⑤ □□（どりょく）して、□（げい）じゅつ家としてみとめられる。

⑥ 夜でも本が読めるのは、□□（でんとう）のおかげだ。

⑦ 文集の□□（かんせい）に□（つと）める。

⑧ 友と□（わか）れるのはつらい。

⑨ 日本□□（かくち）の□（よ）い宿をさがす。

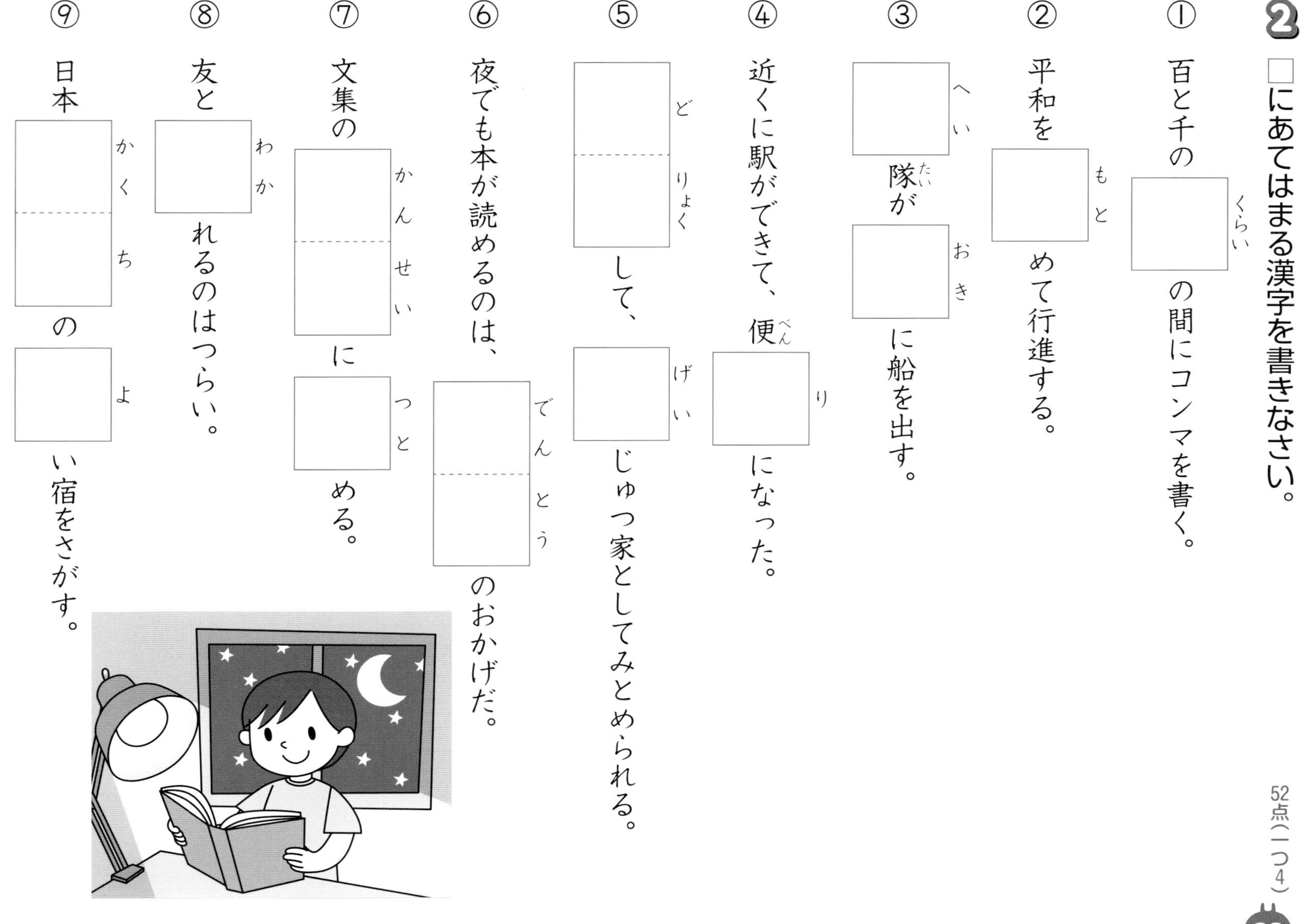

16 きほんのドリル

7画

東・材・冷・折・低

名前

月　日

目標時間 15分

合かく80点

/100点

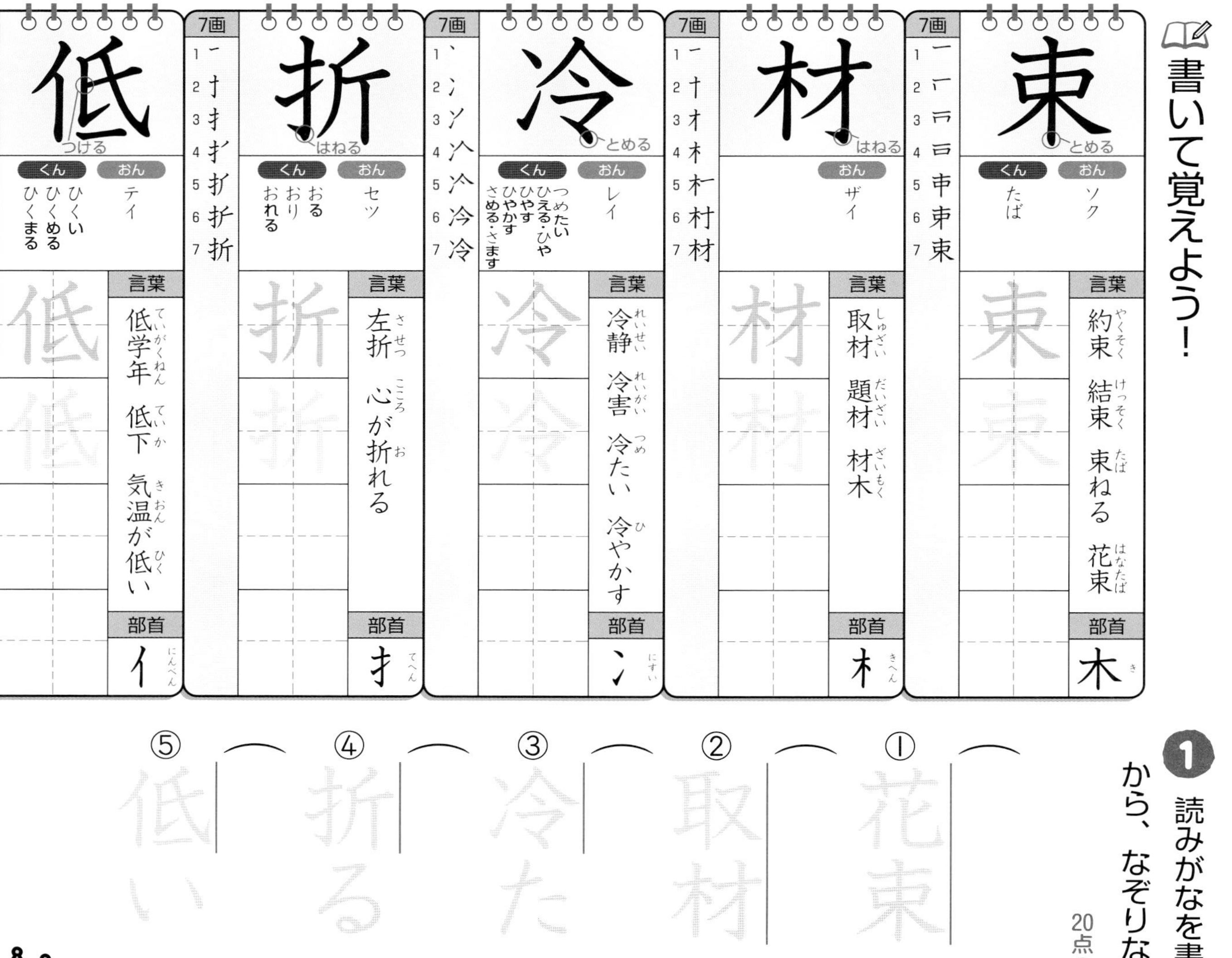

書いて覚えよう！

東（7画）
- おん：ソク
- くん：たば
- 言葉：約束（やくそく）　結束（けっそく）　束ねる（たばねる）　花束（はなたば）
- 部首：木（き）

材（7画）
- おん：ザイ
- 言葉：取材（しゅざい）　題材（だいざい）　材木（ざいもく）
- 部首：木（きへん）

冷（7画）
- おん：レイ
- くん：つめたい　ひえる・ひや　ひやす　ひやかす　さめる・さます
- 言葉：冷静（れいせい）　冷害（れいがい）　冷たい（つめたい）　冷やかす（ひやかす）
- 部首：冫（にすい）

折（7画）
- おん：セツ
- くん：おる　おり　おれる
- 言葉：左折（させつ）　心が折れる（こころがおれる）
- 部首：扌（てへん）

低（7画）
- おん：テイ
- くん：ひくい　ひくめる　ひくまる
- 言葉：低学年（ていがくねん）　低下（ていか）　気温が低い（きおんがひくい）
- 部首：亻（にんべん）

1 読みがなを書いてから、なぞりなさい。
20点（一つ4）

① 花束（　　）
② 取材（　　）
③ 冷たい（　　）
④ 折る（　　）
⑤ 低い（　　）

2 □にあてはまる漢字を書きなさい。 80点（一つ10）

① わたしは約（やく）□（そく）を必（かなら）ず守る。 p.49 p.9

② おみまいに□□（はなたば）を持っていく。

③ テレビ局の□□（しゅざい）を受ける。

④ □（つめ）たい水が飲みたい。

⑤ 外の□□（れいき）で体がひんやりした。

⑥ 一まいの紙を二つに□（お）る。

⑦ □（ひく）い山でも、注意して登る。

⑧ □□□（ていがくねん）の子といっしょに遊んだ。

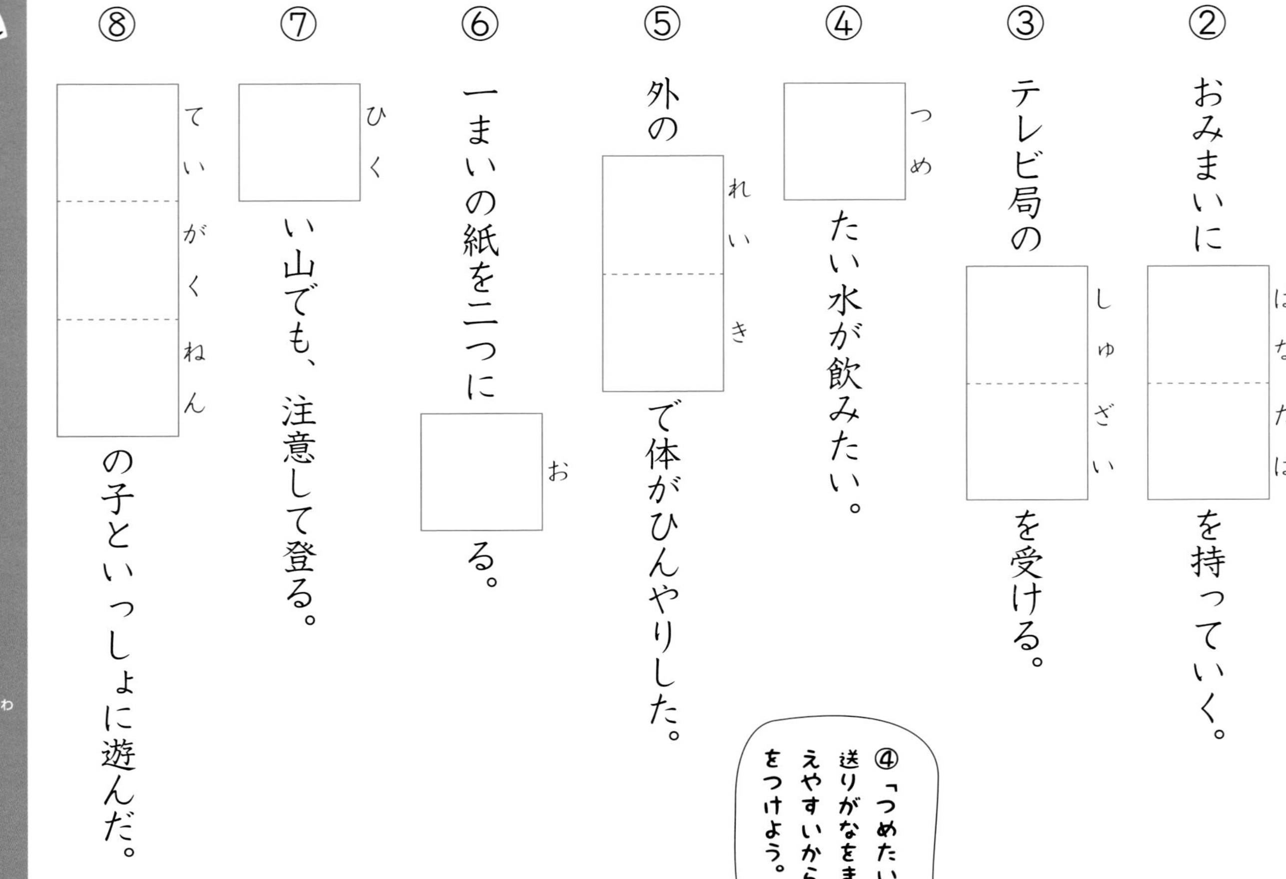

④「つめたい」は
送りがなをまちが
えやすいから、気
をつけよう。

④の部首は「冫」（にすい）。「冫」は、もともと、氷が割（わ）れることからできたものです。

17 8画 岡・奈・阜・底・例

月　日

目標時間（ひょうじかん） 15分

名前

合かく80点

/100点

書いて覚えよう！

岡（8画）
はねる
くん：おか
言葉：岡山（おかやま）　岡目八目（おかめはちもく）
部首：山（やま）
筆順：1 丨　2 冂　3 冂　4 冂　5 円　6 円　7 岡　8 岡

奈（8画）
はねる
おん：ナ
特別な読み：奈良（なら）　神奈川（かながわ）
言葉：奈良（なら）　奈落（ならく）
部首：大（だい）
筆順：1 一　2 ナ　3 大　4 太　5 夳　6 夺　7 奈　8 奈

阜（8画）
とめる
おん：フ
特別な読み：岐阜（ぎふ）
言葉：岐阜（ぎふ）
部首：阜（おか）
筆順：1 ′　2 ｢　3 户　4 户　5 白　6 自　7 皀　8 阜

底（8画）
上にはねる
くん：そこ
おん：テイ
言葉：海底（かいてい）　底辺（ていへん）　海（うみ）の底（そこ）　川底（かわぞこ）
部首：广（まだれ）
筆順：1 丶　2 亠　3 广　4 广　5 庀　6 庀　7 底　8 底

例（8画）
はねる
くん：たとえる
おん：レイ
言葉：例外（れいがい）　一例（いちれい）　例（たと）える
部首：亻（にんべん）
筆順：1 ノ　2 亻　3 亻　4 仆　5 伤　6 伤　7 例　8 例

1 読みがなを書いてから、なぞりなさい。 20点（一つ4）

①（　　　）岡山

②（　　　）奈落

③（　　　）岐阜

④（　　　）川底

⑤（　　　）例える

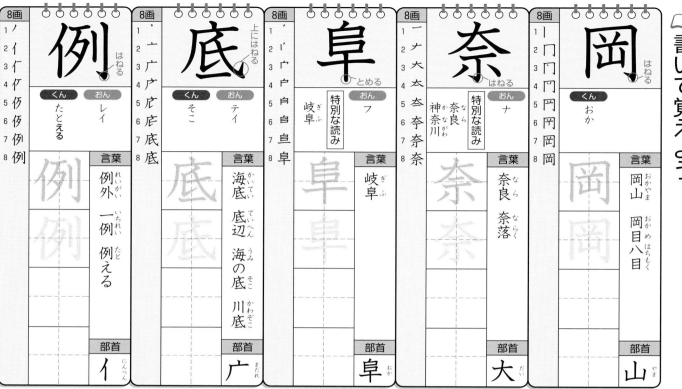

2 □にあてはまる漢字を書きなさい。

① □□（おか）（やま）城（じょう）を見に行った。 ☞p.43

② □□（なら）（く）にしずむ。

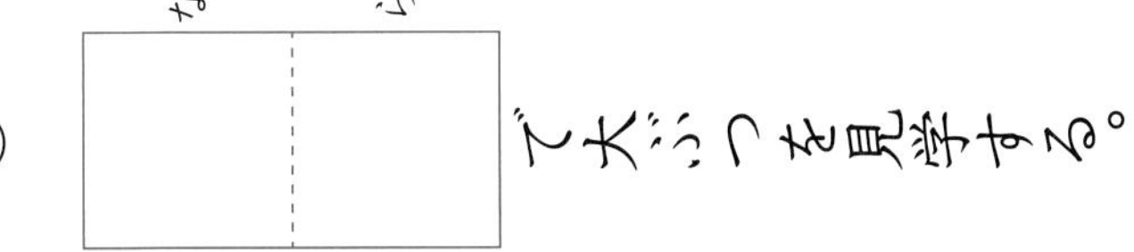
③ □□（な）（ら）で大ぶつを見学する。

④ □□（ぎ）（ふ）できれいな池を見る。

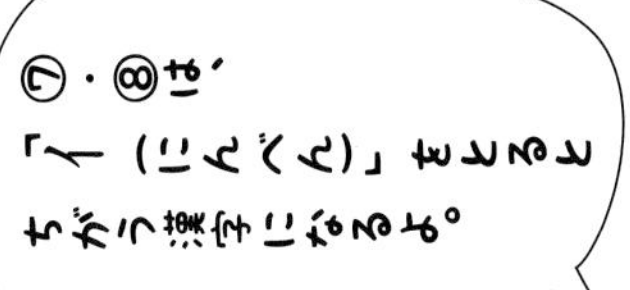

⑦・⑧は、
「亻（にんべん）」をとると
ちがう漢字になるよ。

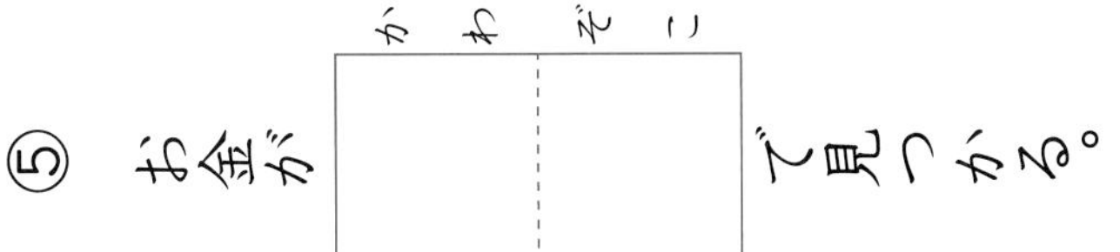
⑤ お金が□□（かわ）（ぞこ）で見つかる。

⑥ まだ見たこともない生物が□□（かい）（てい）にいた。

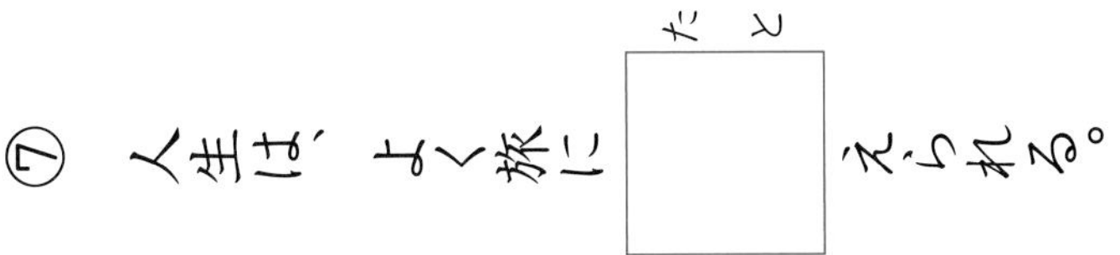
⑦ 人生は、よく旅に□（たと）えられる。

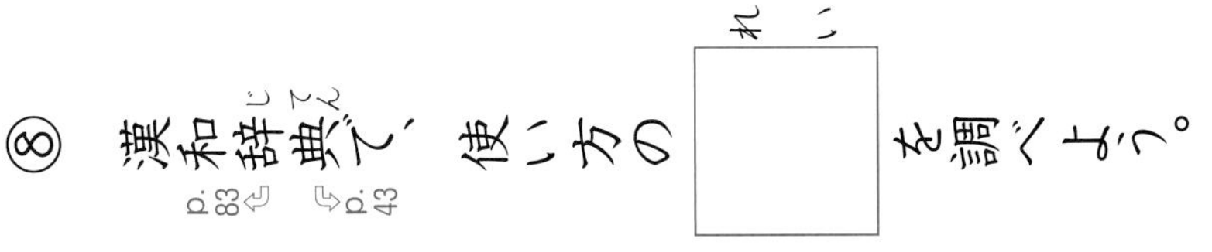
⑧ 漢和辞典（じてん）で、使い方の□（れい）を調べよう。 ☞p.83 ☞p.43

②の「ならく」は、劇場（げきじょう）の花道などのゆか下のことです。

きほんのドリル

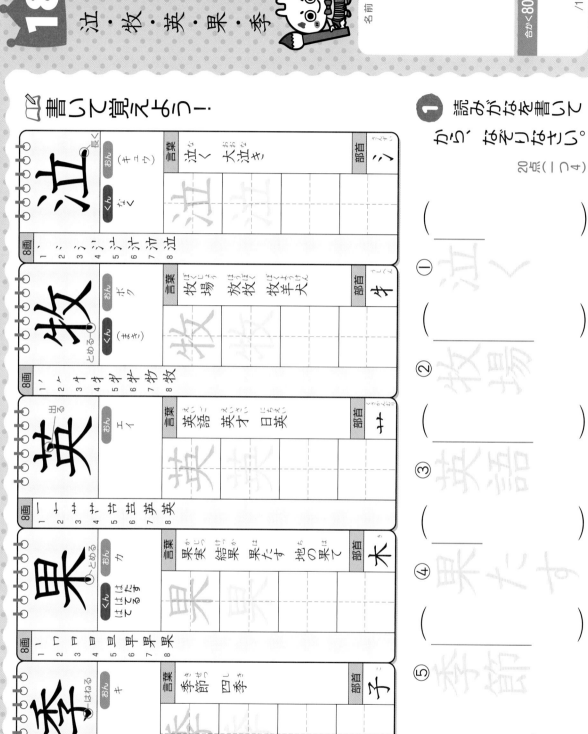

18 8画 泣・牧・英・果・季

月　日

目標時間 15分

名前

合かく80点　/100点

書いて覚えよう！

泣（8画）
- おん：（キュウ）
- くん：な-く
- 言葉：泣く（なく）、大泣き（おおなき）
- 部首：氵（さんずい）
- 筆順：1 丶 2 冫 3 氵 4 氵 5 氵 6 汁 7 汁 8 泣
- 長く

牧（8画）
- おん：ボク
- くん：（まき）
- 言葉：牧場（ぼくじょう）、放牧（ほうぼく）、牧羊犬（ぼくようけん）
- 部首：牜（うしへん）
- 筆順：1 ノ 2 ㇐ 3 牛 4 牛 5 牛 6 牜 7 牧 8 牧
- とめる

英（8画）
- おん：エイ
- 言葉：英語（えいご）、英才（えいさい）、日英（にちえい）
- 部首：艹（くさかんむり）
- 筆順：1 一 2 十 3 艹 4 艹 5 芇 6 苎 7 英 8 英
- 出る

果（8画）
- おん：カ
- くん：は-たす、は-てる、は-て
- 言葉：果実（かじつ）、結果（けっか）、果たす（はたす）、地の果て（ちのはて）
- 部首：木（き）
- 筆順：1 丨 2 冂 3 冂 4 日 5 旦 6 甲 7 果 8 果
- とめる

季（8画）
- おん：キ
- 言葉：季節（きせつ）、四季（しき）
- 部首：子（こ）
- 筆順：1 ノ 2 二 3 千 4 禾 5 禾 6 季 7 季 8 季
- はねる

1 読みがなを書いてから、なぞりなさい。

20点（一つ4）

① （　　　）泣く

② （　　　）牧場

③ （　　　）英語

④ （　　　）果たす

⑤ （　　　）季節

 80点(一つ10)

2 □にあてはまる漢字を書きなさい。

① 赤ちゃんの□(な)き声が聞こえる。

② □□(ぼくじょう)で、たくさんの牛を見た。

③ アメリカに行くために□□(えいご)を勉強した。

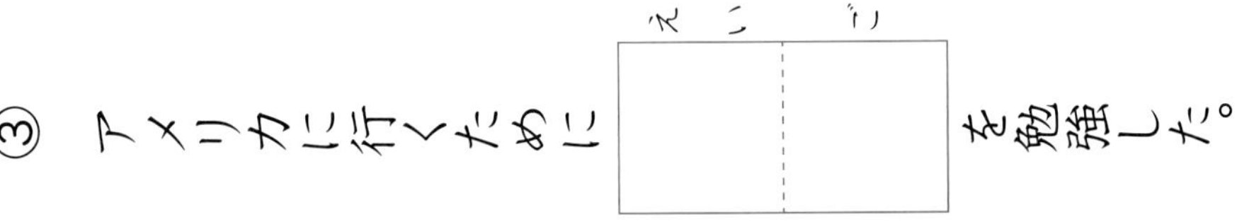

④ □□(にちえい)同めいについて調べる。

⑤ 手じゅつの結(けっ)☞p.73 □(か)は大成功(せいこう)☞p.13 ☞p.9 だった。

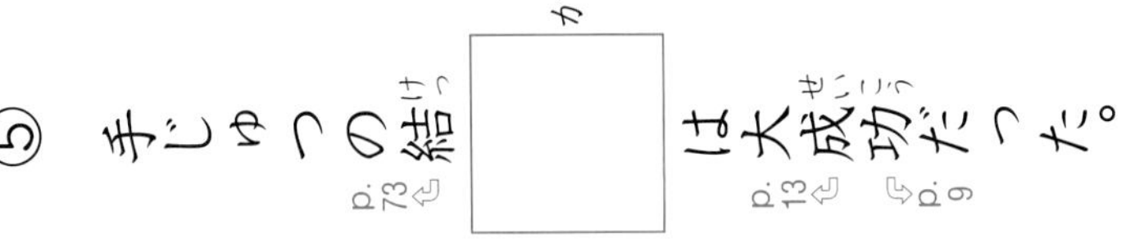

⑥ まだ父との約束(やくそく)☞p.49 ☞p.29 を□(は)たしていない。

④「にちえい」は日本とイギリスのことだよ。

⑦ 美しい□(き)節(せつ)☞p.81 をむかえる。

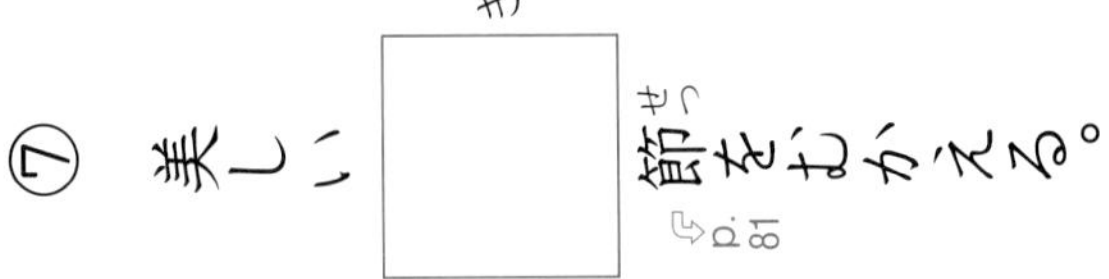

⑧ □□(しき)折(お)り☞p.29 おりの花。

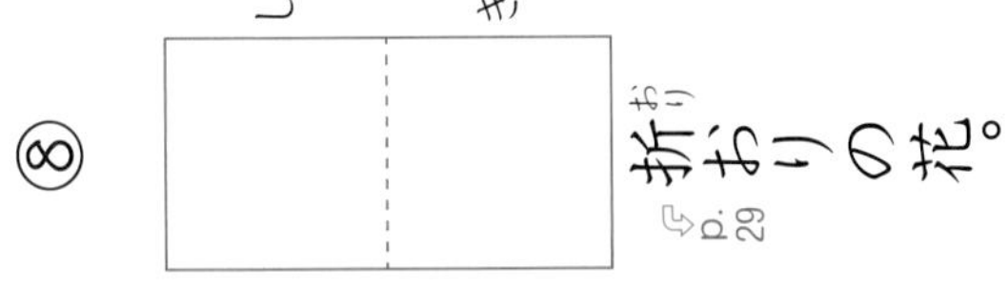

⑤の真ん中のたて棒(ぼう)を途中(とちゅう)で切らないようにしましょう。

19

8画 固・周・法・芽・協

きほんのドリル

名前

月　日

目標時間 15分

合かく80点

/100点

書いて覚えよう！

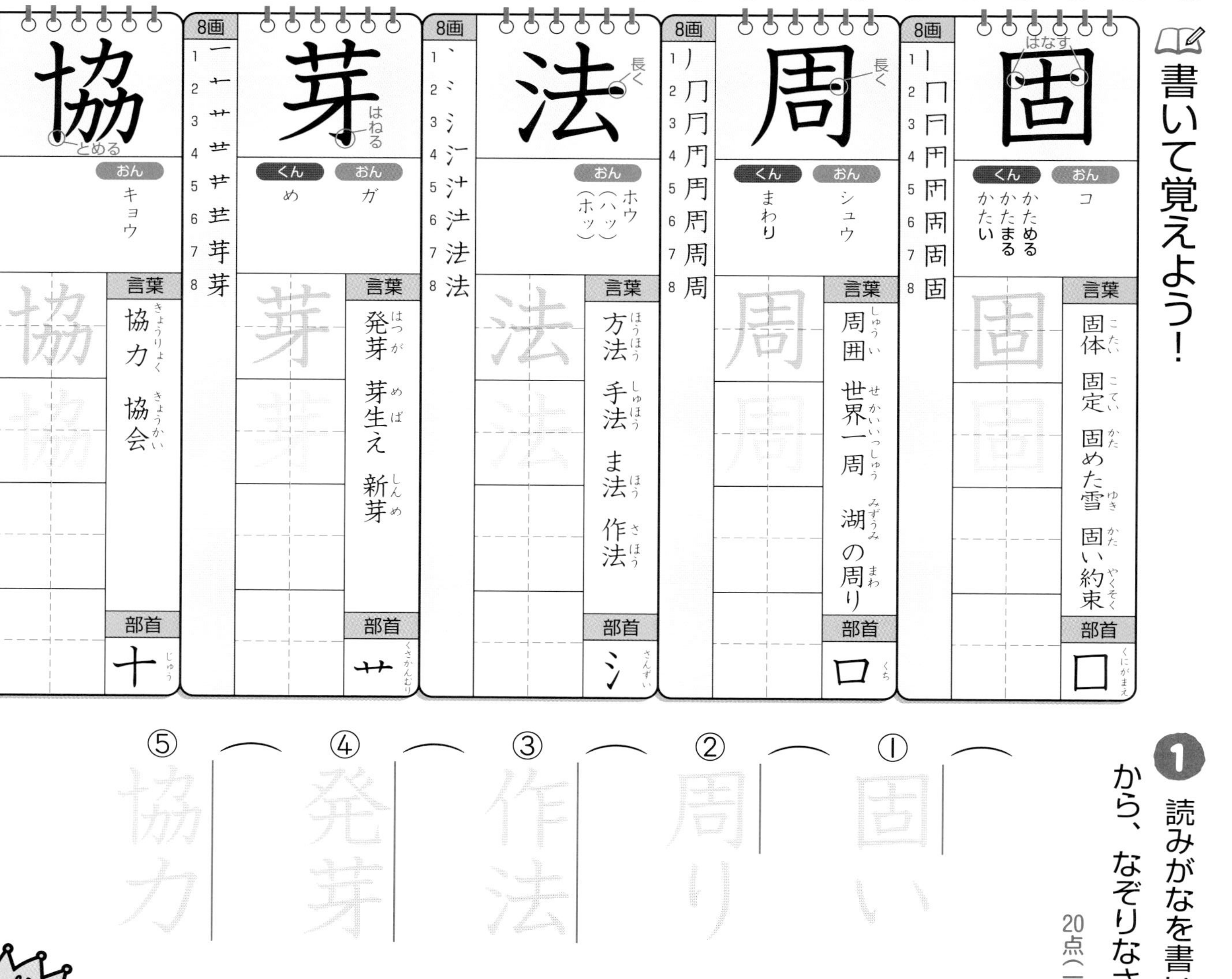

固
はなす
おん　コ
くん　かたい　かためる　かたまる
言葉　固体（こたい）　固定（こてい）　固めた雪（かためたゆき）　固い約束（かたいやくそく）
部首　口（くにがまえ）
8画
周
長く
おん　シュウ
くん　まわり
言葉　周囲（しゅうい）　世界一周（せかいいっしゅう）　湖の周り（みずうみのまわり）
部首　口（くち）
8画
法
長く
おん　ホウ（ハッ）（ホッ）
言葉　方法（ほうほう）　手法（しゅほう）　ま法（まほう）　作法（さほう）
部首　氵（さんずい）
8画
芽
はねる
おん　ガ
くん　め
言葉　発芽（はつが）　芽生え（めばえ）　新芽（しんめ）
部首　艹（くさかんむり）
8画
協
とめる
おん　キョウ
言葉　協力（きょうりょく）　協会（きょうかい）
部首　十（じゅう）
8画

1 読みがなを書いてから、なぞりなさい。　20点（一つ4）

①（　　　）固い

②（　　　）周り

③（　　　）作法

④（　　　）発芽

⑤（　　　）協力

80点（一つ10）

❷ □にあてはまる漢字を書きなさい。

① 本だなをかべに□（こてい）する。

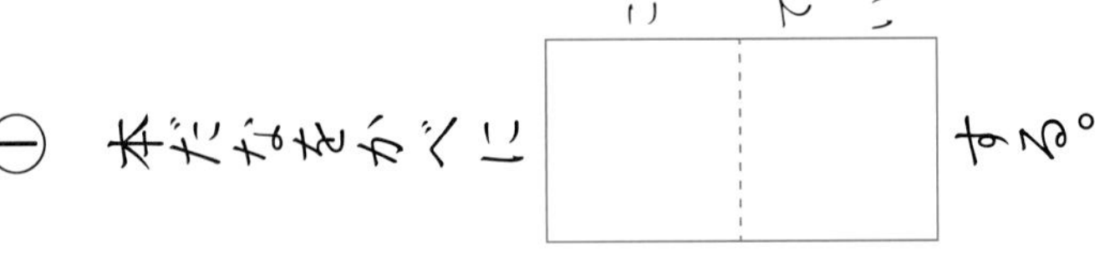

② 雪を□（かた）めて、かまくらを作った。

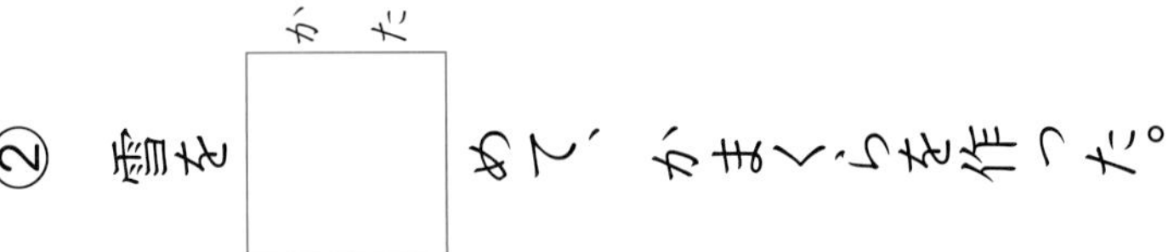

③ 運動場を□（いっしゅう）する。

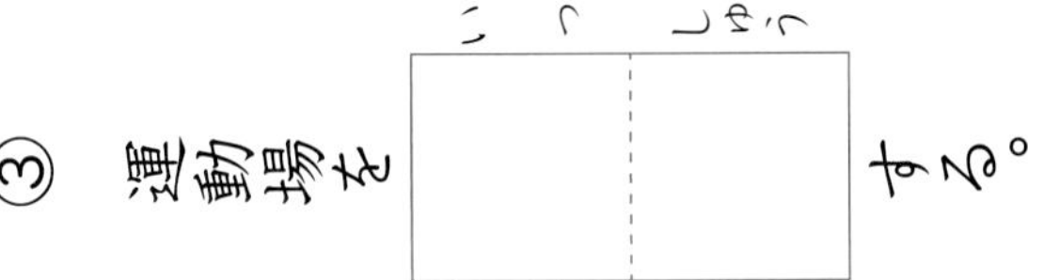

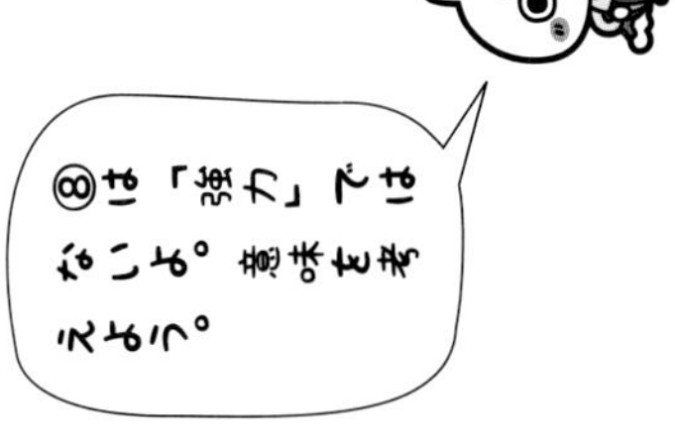

⑧は「強力」ではないよ。意味を考えよう。

④ 庭の□（まわ）りを生けがきでかこむ。

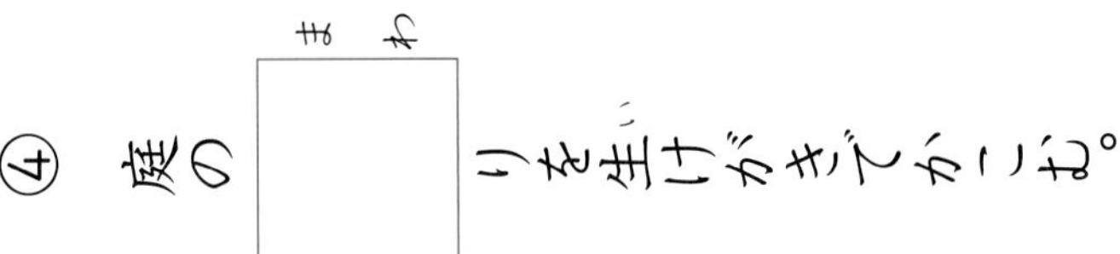

⑤ うまい□（ほうほう）をさがす。

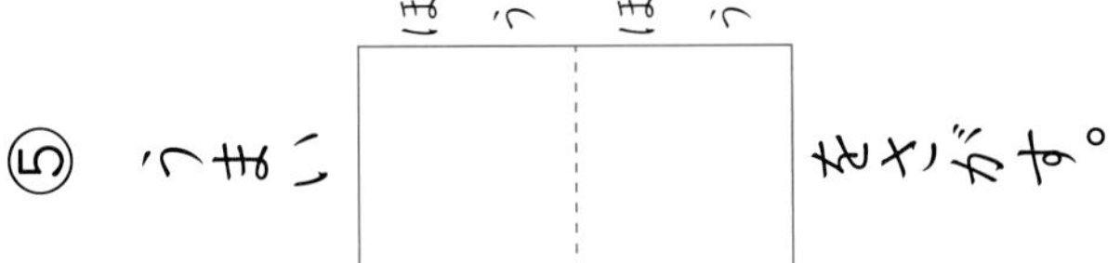

⑥ あさがおの□（め）が出た。

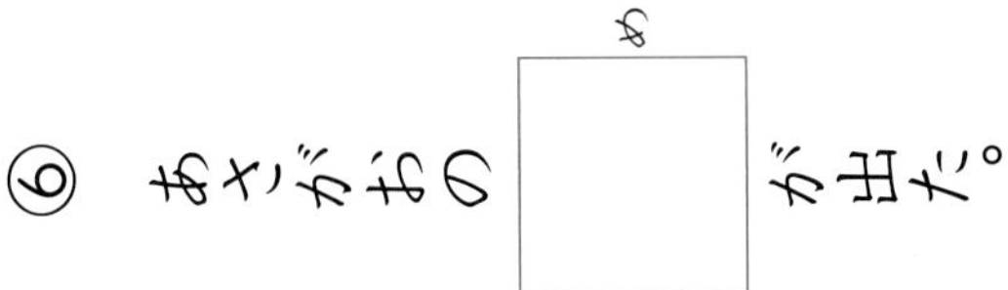

⑦ □（はつが）には、水・空気・てき当な温度が必要（ひつよう）だ。

p.9 ☞p.47

⑧ みんなに□（きょうりょく）してもらった。

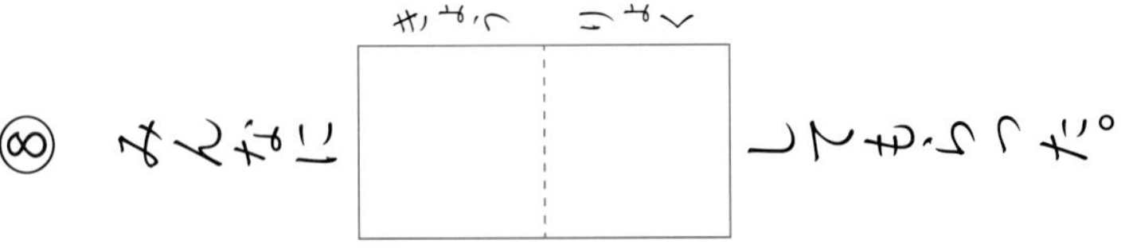

④は同じ訓の「回」とまちがえないようにしましょう。

8画 参・卒・念・官・府

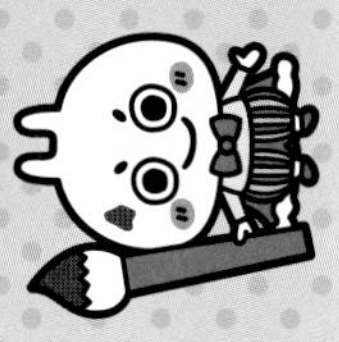

名前　月　日　目標時間 15分　合かく80点　/100点

書いて覚えよう！

参（8画）おれてはらう
おん：サン　くん：まいる
言葉：参加（さんか）　参考（さんこう）　お宮参り（みやまい）
部首：ム（む）

卒（8画）とめる
おん：ソツ
言葉：卒業式（そつぎょうしき）　小学校を卒業する（しょうがっこう・そつぎょう）
部首：十（じゅう）

念（8画）はねる
おん：ネン
言葉：天然記念物（てんねんきねんぶつ）　残念（ざんねん）　念願（ねんがん）
部首：心（こころ）

官（8画）上より大きく
おん：カン
言葉：消化器官（しょうかきかん）　けい察官（さつかん）　長官（ちょうかん）
部首：宀（うかんむり）

府（8画）はねる
おん：フ
言葉：京都府（きょうとふ）　首府（しゅふ）
部首：广（まだれ）

1 読みがなを書いてから、なぞりなさい。

20点（一つ4）

① 参加（　　　）
② 卒業式（　　　）
③ 記念（　　　）
④ 器官（　　　）
⑤ 京都府（　　　）

80点（一つ10）

2 □にあてはまる漢字を書きなさい。

① 子どものお□□（みやまい）りをした。

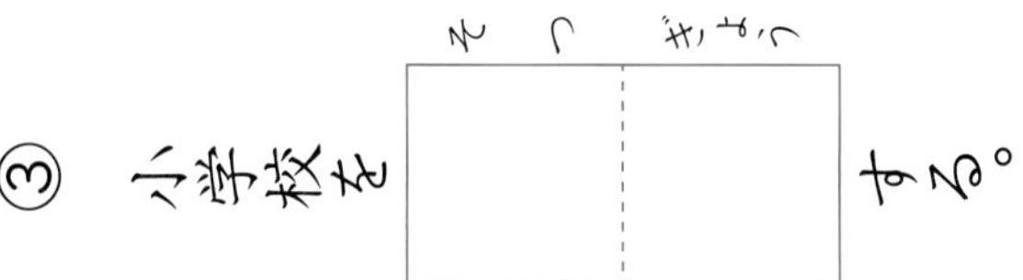

② 大会に初（はじ）めて□（さん）加（か）した。 ☞p.25 ☞p.7

③ 小学校を□□（そつぎょう）する。

④ 残（ざん）□（ねん）ながら、有名人に会えなかった。 ☞p.53

⑤ □（ねん）願（がん）の海外旅行に行く。 ☞p.97

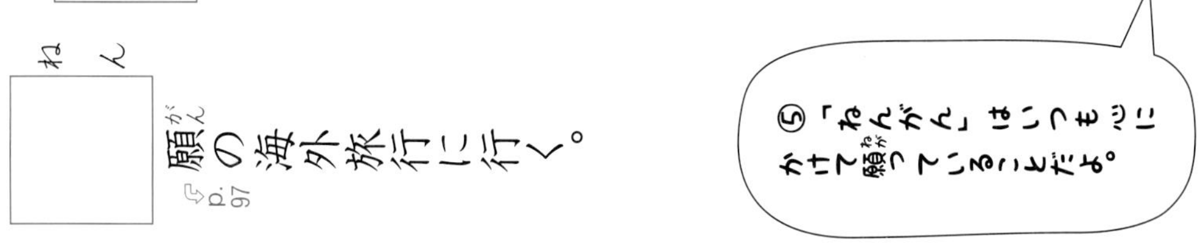

⑤「ねんがん」はいつも心にかけて願（ねが）っていることだよ。

⑥ 大きくなったら、けい察（さつ）□（かん）になりたい。 ☞p.89

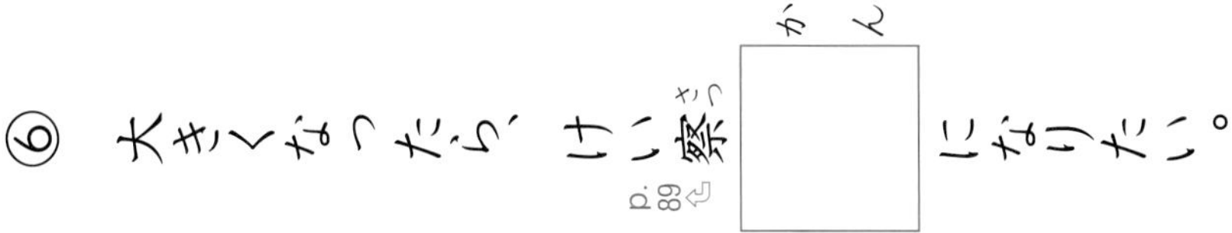

⑦ 人間の体には、さまざまな器（き）□（かん）がある。 ☞p.93

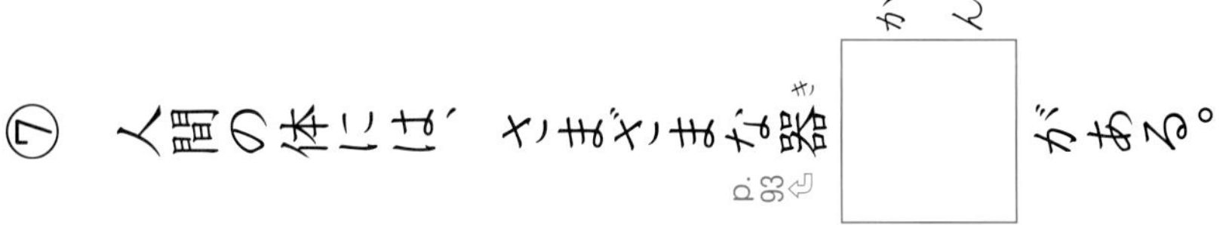

⑧ わたしは、□□□（きょうとふ）の出身だ。

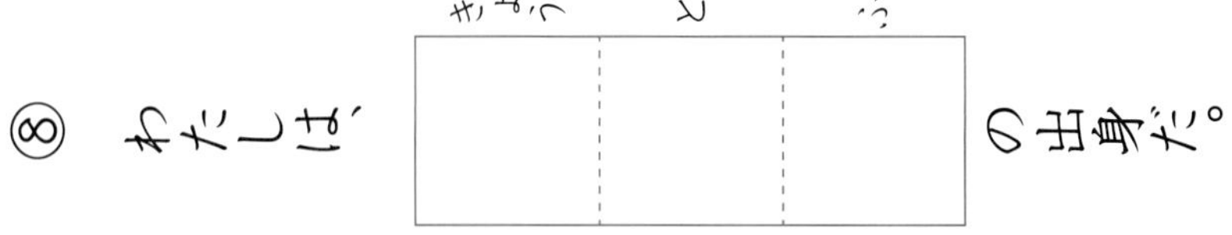

⑥・⑦同じ音の「管」（89ページ）とまちがえないようにしましょう。

21 まとめのテスト3

月　日

目標時間 20分

名前

合かく80点　/100点

1 ――の漢字の読みがなを書きなさい。　48点（一つ4）

① もう少しで芽（　）が出てくるだろう。

② 消化器官（　）を大切にする。

③ 勝つことより、参加（　）することが大切だ。

④ 記念（　）に花束（　）をもらった。

⑤ 転校生は岐阜（　）から来た。

⑥ 奈良（　）のおばあちゃんに手紙を書く。

⑦ 協力（　）しながら、千羽づるを折（　）った。

⑧ 例（　）をあげて説明する。

⑨ 季節（　）の果実（　）を食べる。

2 □にあてはまる漢字を書きなさい。

52点（一つ4）

① □□（かわぞこ）の水は□（つめ）たかった。

② □□□（ていがくねん）の児（じ）童と遊ぶ。

③ □□（おかやま）の□（まわ）りには何がありますか。

④ 人前だったので、□（な）くのをがまんした。

⑤ 母校の□□□（そつぎょうしき）を□□（しゅざい）する。

⑥ □□（えいご）を勉強して、外国へ行きたい。

⑦ □□□（きょうとふ）の□□（ぼくじょう）に行く。

⑧ 土を□（かた）め、かまで焼（や）いて皿を作る。

⑨ 最（もっと）もよい□□（ほうほう）をさがしなさい。

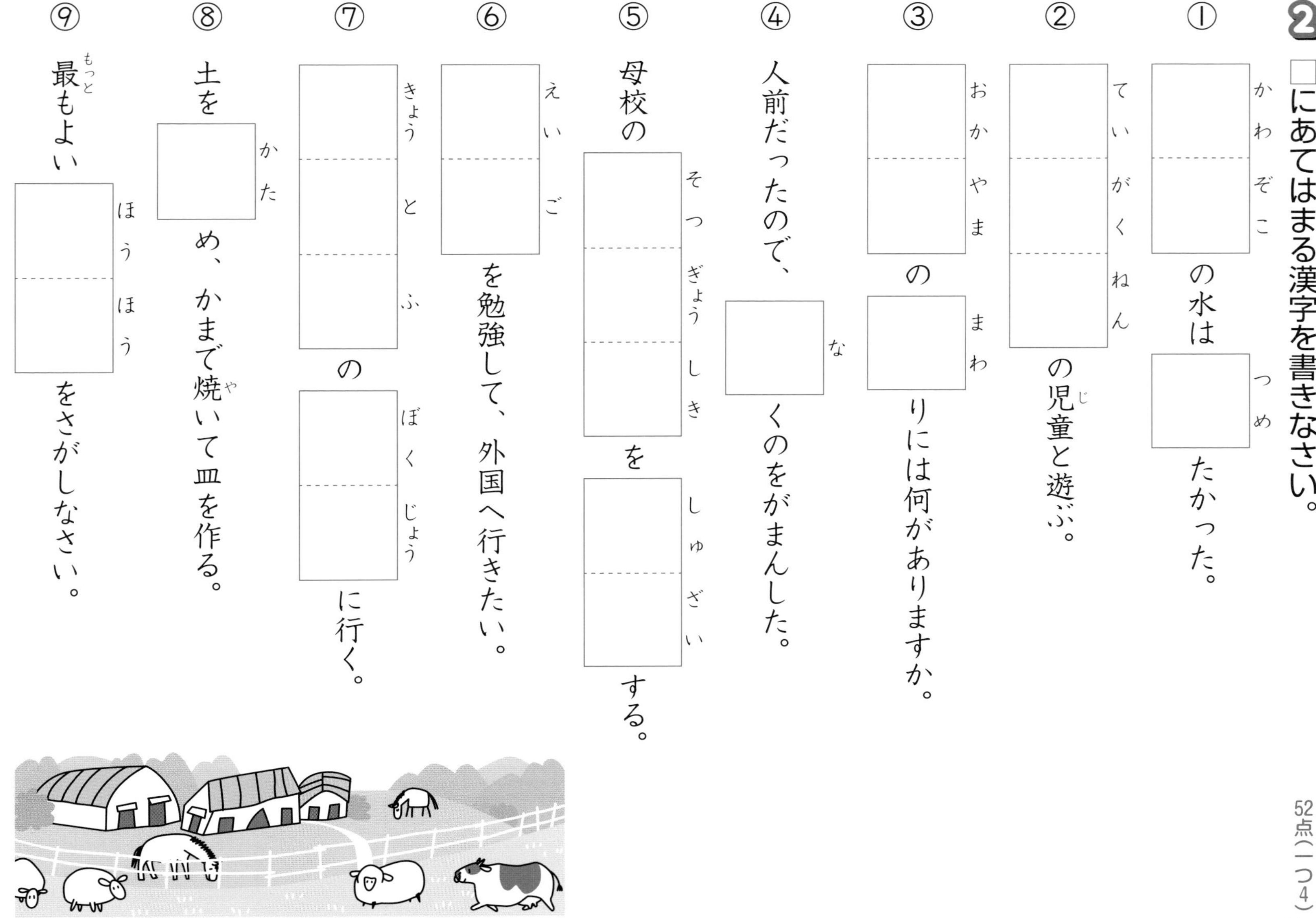

22 きほんのドリル

8画 治・刷・径・松・的

名前　月　日　目標時間(ひょうじかん) 15分　合かく80点　/100点

書いて覚えよう！

漢字	おん	くん	言葉	部首	書きじゅん (8画)
治 (おれてはらう)	チ・ジ	おさめる・おさまる・なおる・なおす	湯治(とうじ)・自治(じち)・治(おさ)める・治(なお)る	氵(さんずい)	1 丶 2 氵 3 氵 4 氵 5 汁 6 汁 7 治 8 治
刷 (とめる)	サツ	する	印刷(いんさつ)・刷新(さっしん)・本(ほん)を刷(す)る	刂(りっとう)	1 ㇕ 2 コ 3 尸 4 尸 5 吊 6 吊 7 刷 8 刷
径 (はなす)	ケイ		半径(はんけい)・直径(ちょっけい)	彳(ぎょうにんべん)	1 ノ 2 ク 3 彳 4 彳 5 彳 6 径 7 径 8 径
松 (とめる)	ショウ	まつ	松竹梅(しょうちくばい)・松葉(まつば)・松(まつ)たけ	木(きへん)	1 一 2 十 3 才 4 木 5 木 6 朩 7 松 8 松
的 (はねる)	テキ	まと	定期的(ていきてき)・的(まと)に当(あ)てる	白(しろ)	1 ノ 2 亻 3 白 4 白 5 白 6 白 7 的 8 的

1 読みがなを書いてから、なぞりなさい。　20点(一つ4)

① 治める（　　）

② 刷る（　　）

③ 直径（　　）

④ 松たけ（　　）

⑤ 的に当てる（　　）

2 □にあてはまる漢字を書きなさい。

① 広大な国土を平和に□（おさ）める。

② わたしの父は、せい□（じ）家です。

③ 案（あん）内のプリントを□（す）る。 ☞p.53

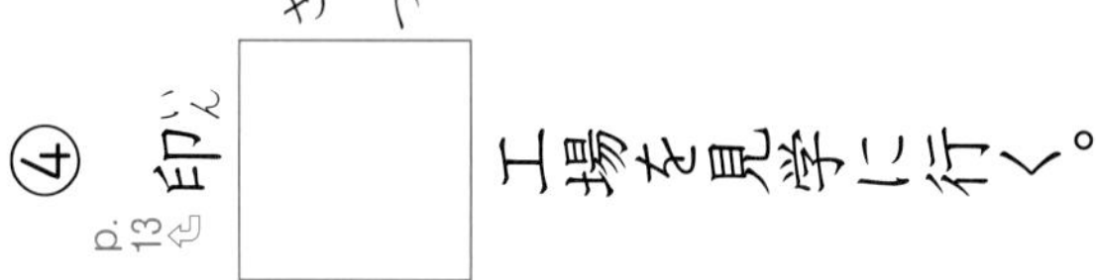

④ 印（いん）□（さつ）工場を見学に行く。 ☞p.13

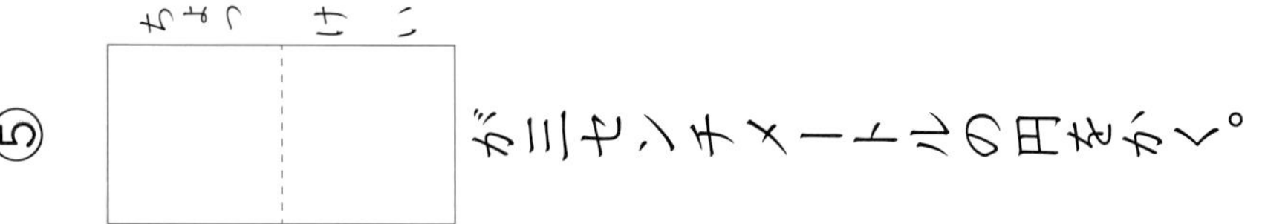

⑤ □□（ちょうけい）が三センチメートルの円をかく。

⑥ □□（しょうちく）梅（ばい）は、めでたいもののときれてきた。 ☞p.59

⑦ 矢を□（まと）にあてるのはむずかしい。

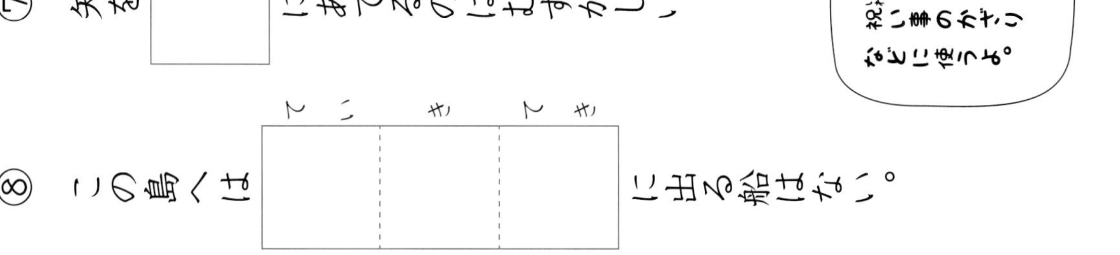

⑧ この島へは□□□（ていきてき）に出る船はない。

⑤の「けい」は「糸（いとへん）」にすると別（べつ）の漢字になります。

23 きほんのドリル

8画・9画

典・茨・香・城・栃

月　日　目標時間 15分

名前

合かく80点　/100点

書いて覚えよう！

典（8画）長く
- おん：テン
- 言葉：事典（じてん）　辞典（じてん）　古典（こてん）
- 部首：ハ（は）
- 筆順：1 丨 2 冂 3 冂 4 冊 5 曲 6 曲 7 典 8 典

茨（9画）はらう
- くん：いばら
- 特別な読み：茨城（いばらき）
- 言葉：茨の道（いばらのみち）　茨城（いばらき）
- 部首：艹（くさかんむり）
- 筆順：1 一 2 十 3 艹 4 艹 5 艹 6 芦 7 茨 8 茨 9 茨

香（9画）とめる
- おん：（コウ）（キョウ）
- くん：か・かおり　かおる
- 言葉：香り（かおり）　香る（かおる）
- 部首：香（かおり）
- 筆順：1 ノ 2 二 3 千 4 禾 5 禾 6 禾 7 香 8 香 9 香

城（9画）上にはねる
- おん：ジョウ
- くん：しろ
- 特別な読み：茨城（いばらき）　宮城（みやぎ）
- 言葉：城下町（じょうかまち）　古城（こじょう）　山城（やましろ）
- 部首：扌（つちへん）
- 筆順：1 一 2 十 3 土 4 圹 5 圹 6 坂 7 城 8 城 9 城

栃（9画）はねる
- くん：とち
- 言葉：栃の実（とちのみ）　栃木（とちぎ）
- 部首：木（きへん）
- 筆順：1 一 2 十 3 木 4 木 5 木 6 杤 7 杤 8 栃 9 栃

1 読みがなを書いてから、なぞりなさい。

20点（一つ4）

① 辞典（　　）

② 茨の道（　　）

③ 香り（　　）

④ 城下町（　　）

⑤ 栃の実（　　）

2 □にあてはまる漢字を書きなさい。

80点（一つ10）

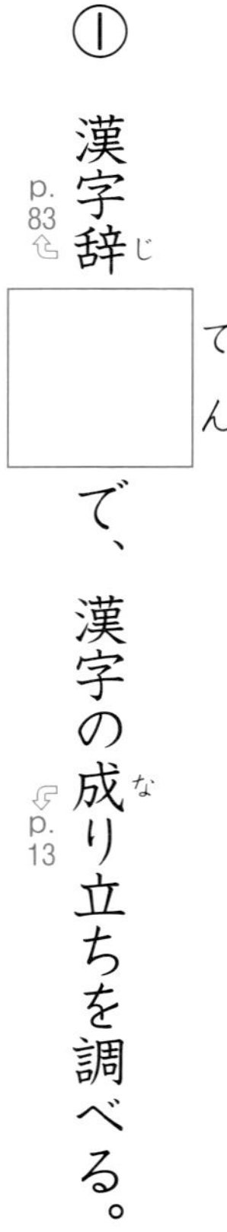
① 漢字辞（じ）□（てん）で、漢字の成（な）り立ちを調べる。 ↻p.83 ↻p.13

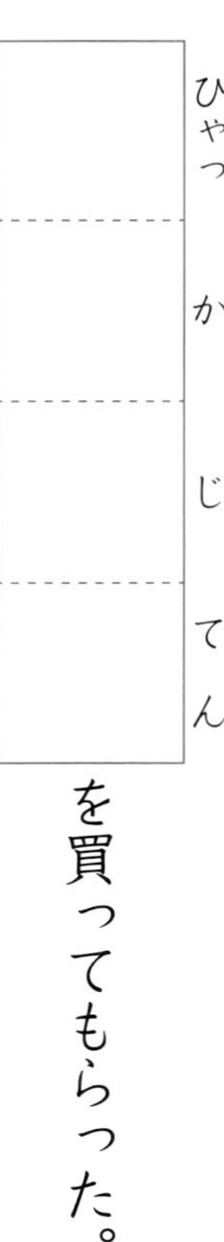
② □□□□（ひゃっかじてん）を買ってもらった。

③ あえて□（いばら）の道を行く。

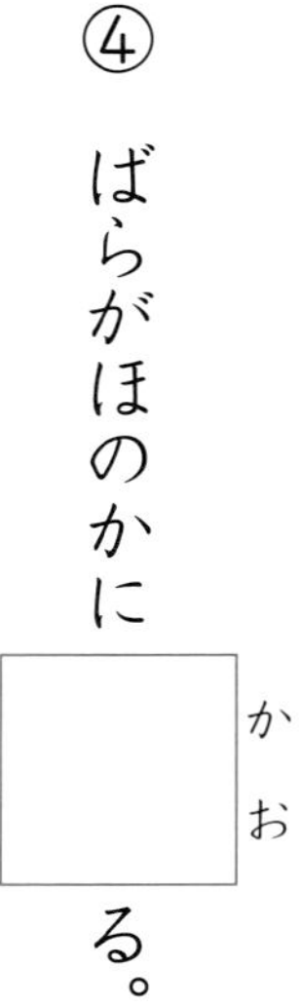
④ ばらがほのかに□（かお）る。

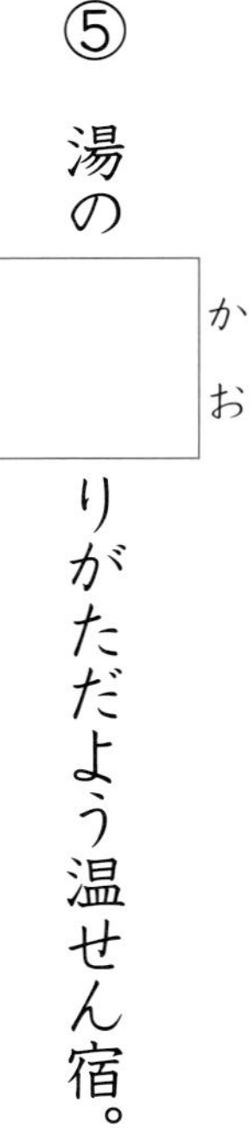
⑤ 湯の□（かお）りがただよう温せん宿。

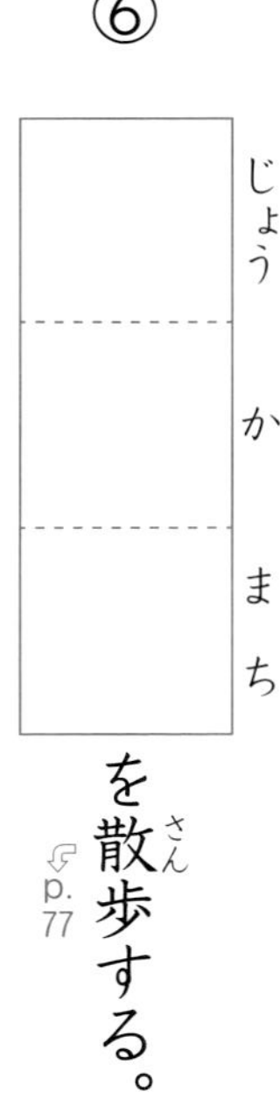
⑥ □□□（じょうかまち）を散（さん）歩する。 ↻p.77

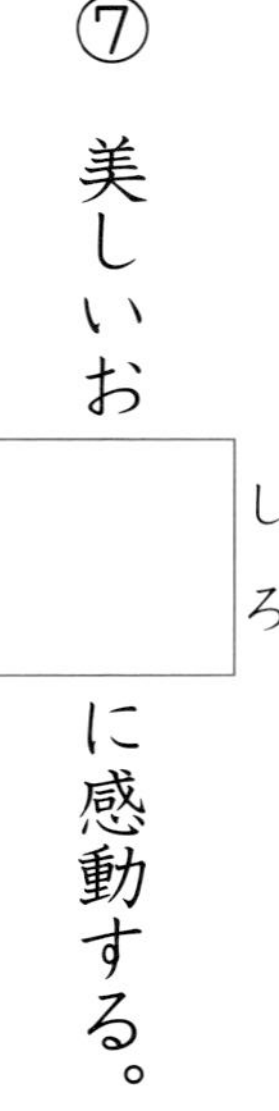
⑦ 美しいお□（しろ）に感動する。

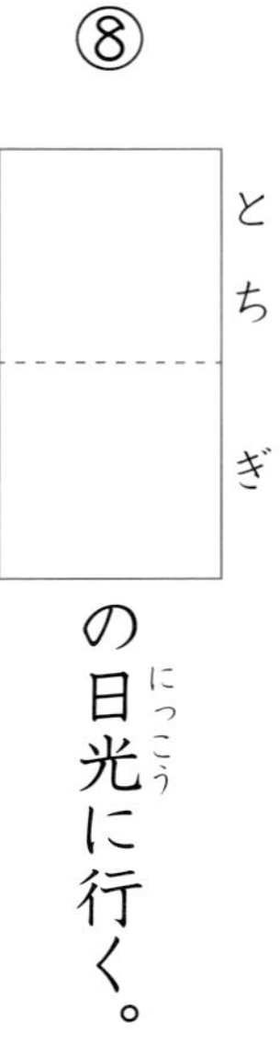
⑧ □□（とちぎ）の日光（にっこう）に行く。

③は「きびしい道に進む」という意味だよ。

⑧の「とち」は画数や筆順（じゅん）をまちがえやすい漢字です。確認（かくにん）しながらしっかり書けるようにしましょう。

24 きほんのドリル

9画 栄・勇・飛・省・昨

名前　月　日　目標時間 15分　合かく80点　/100点

書いて覚えよう！

栄（とめる）
- おん：エイ
- くん：さかえる（はえ）（はえる）
- 9画：筆順 1〜9
- 言葉：栄養（えいよう）　町（まち）が栄（さか）える
- 部首：木（き）

勇（はねる）
- おん：ユウ
- くん：いさむ
- 9画：筆順 1〜9
- 言葉：勇気（ゆうき）がある　勇（いさ）ましい
- 部首：力（ちから）

飛（上にはねる）
- おん：ヒ
- くん：とぶ　とばす
- 9画：筆順 1〜9
- 言葉：飛行機（ひこうき）　鳥（とり）が飛（と）ぶ
- 部首：飛（とぶ）

省（はねる）
- おん：セイ　ショウ
- くん：（かえりみる）　はぶく
- 9画：筆順 1〜9
- 言葉：反省（はんせい）　省略（しょうりゃく）　説明（せつめい）を省（はぶ）く
- 部首：目（め）

昨（とめる）
- おん：サク
- 9画：筆順 1〜9
- 言葉：昨年（さくねん）　昨夜（さくや）
- 部首：日（ひへん）

1 読みがなを書いてから、なぞりなさい。 20点（一つ4）

① 栄える（　　　）
② 勇ましい（　　　）
③ 飛ぶ（　　　）
④ 省く（　　　）
⑤ 昨年（　　　）

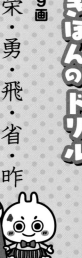

2 □にあてはまる漢字を書きなさい。

80点（一つ10）

① 古代に□（さか）えた国家のいせき。

② □（えい）養のバランスが大切だ。 ☞p.93

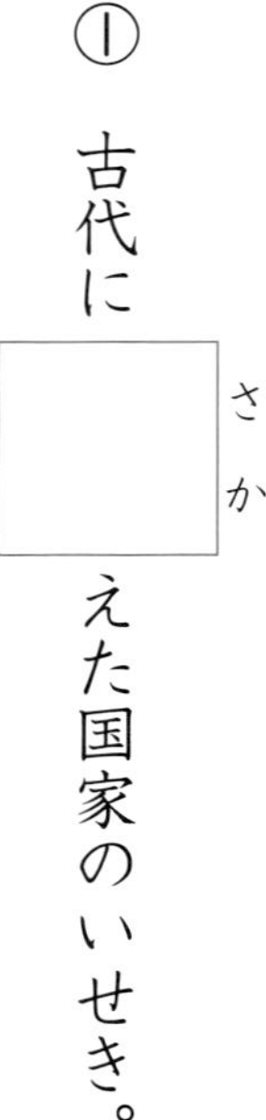

③ この少年は、□（いさ）ましい。

④ 運動会で風船を□（と）ばした。

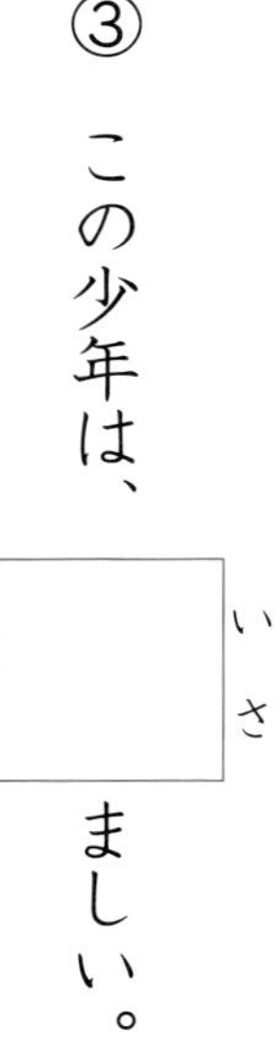

⑤ □□（ひこう）機に乗ってハワイに行った。 ☞p.95

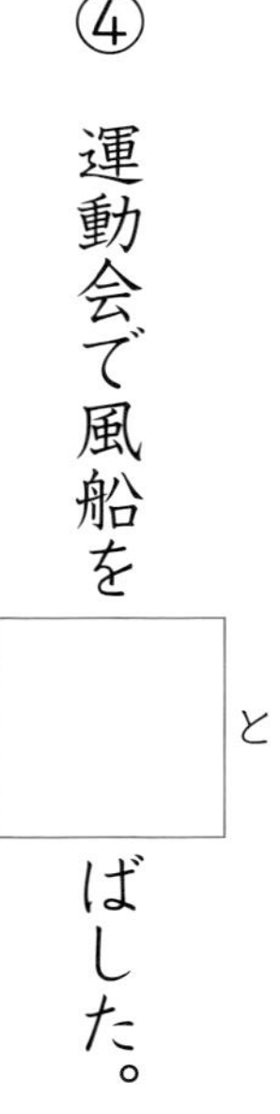

⑥ 説明を□（はぶ）いたので、使い方がわからなかった。 ☞p.85

⑦ 一日の行動を□□（はんせい）する。

⑧ □□（さくねん）の冬は、とても寒かった。

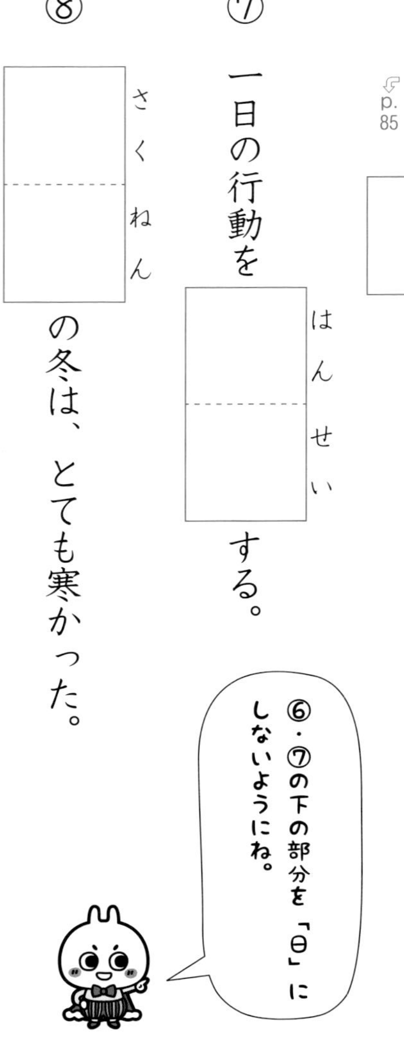

⑥・⑦の下の部分を「目」にしないようにね。

④「と」・⑤「ひ」は筆順をまちがえやすい漢字です。前のページでよく確かめて書きましょう。

25 9画 軍・建・信・単・要

名前
月　日
目標(ひょう)時間 15分
合かく80点
/100点

書いて覚えよう！

軍（9画）長く
おん：グン
言葉：軍歌(ぐんか)　軍隊(ぐんたい)　軍人(ぐんじん)
部首：車(くるま)

建（9画）少し長く
おん：ケン（コン）
くん：たてる　たつ
言葉：建設(けんせつ)　建国(けんこく)　家(いえ)を建(た)てる
部首：廴(えんにょう)

信（9画）長めに
おん：シン
言葉：信号(しんごう)　信用(しんよう)　自信(じしん)　信(しん)じる
部首：亻(にんべん)

単（9画）長く
おん：タン
言葉：単位(たんい)　単語(たんご)　かん単(たん)
部首：⺍(つかんむり)

要（9画）少し出る
おん：ヨウ
くん：かなめ（いる）
言葉：必要(ひつよう)　要点(ようてん)　おうぎの要(かなめ)
部首：覀(おおいかんむり)

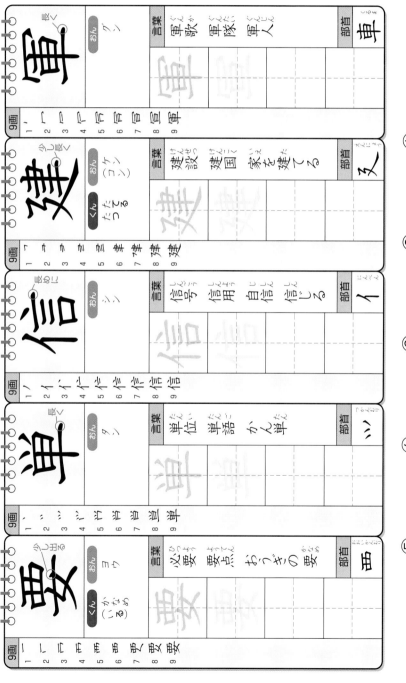

1 読みがなを書いてから、なぞりなさい。　20点(一つ4)

① 軍歌（　　　）
② 建てる（　　　）
③ 信号（　　　）
④ 単位（　　　）
⑤ 必要（　　　）

❷ □にあてはまる漢字を書きなさい。

80点（一つ10）

① 戦争(せんそう)中は、よく □□（ぐんか）がラジオから流れた。 p.83 p.17

② □（けん）せつ予定地へ下見に行く。

③ この家は十年前に □（た）てられた。

④ 正しいと □（しん）じたことをやり通す。

⑤ □□□（あかしんごう）でわたってはいけない。

⑥ キログラムは重さの □（たん）位(い)である。 p.21

⑦ かんじん □（かなめ）の主役はどこに行ったのか。

⑧ 必(ひっ) □（よう）にせまられないと、できないこともある。 p.9

②・③は「亻（にんべん）」をつけると別(べつ)の漢字になるよ。

⑦「かなめ」は「物事の最(もっと)も大切な部分」という意味です。

きほんのドリル 26

9画 浅・変・便・約・祝

目標時間 15分　月　日　名前　合かく80点　/100点

書いて覚えよう！

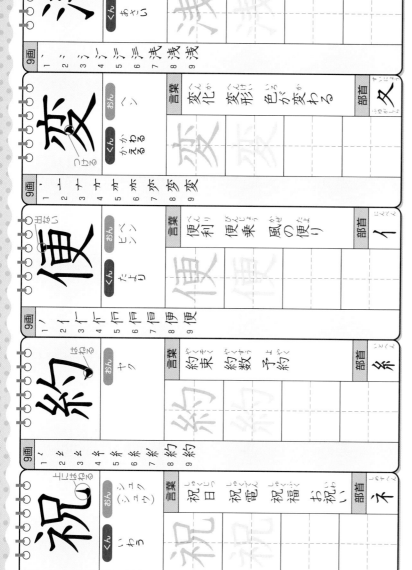

浅（9画）上にはねる
- くん：あさい
- おん：（セン）
- 言葉：浅（あさ）い海（うみ）　遠浅（とおあさ）
- 部首：氵（さんずい）

変（9画）つける
- くん：かわる　かえる
- おん：ヘン
- 言葉：変化（へんか）　変形（へんけい）　色（いろ）が変（か）わる
- 部首：夂（すいにょう・ふゆがしら）

便（9画）出ない
- くん：たより
- おん：ベン　ビン
- 言葉：便利（べんり）　便乗（びんじょう）　風（かぜ）の便（たよ）り
- 部首：亻（にんべん）

約（9画）はねる
- おん：ヤク
- 言葉：約束（やくそく）　約数（やくすう）　予約（よやく）
- 部首：糸（いとへん）

祝（9画）上にはねる
- くん：いわう
- おん：シュク　（シュウ）
- 言葉：祝日（しゅくじつ）　祝電（しゅくでん）　祝福（しゅくふく）　お祝（いわ）い
- 部首：ネ（しめすへん）

1 読みがなを書いてから、なぞりなさい。 20点（一つ4）

①（　　）浅い

②（　　）変わる

③（　　）便り

④（　　）約束

⑤（　　）お祝い

2 □にあてはまる漢字を書きなさい。 80点（一つ10）

① 向こう岸にわたれるほど、川は□（あさ）かった。

② あじさいの花の色が□（か）わった。

③ 日本は、季節（きせつ）の□□（へんか）に富（と）む。 ☞p.33 ☞p.81 ☞p.71

④ かれが外国に行ったことを、風の□（たよ）りに聞いた。

⑤ 東京（とうきょう）は、交通が□（べん）利（り）な都市だ。 ☞p.25

⑥ □（やく）束（そく）は、きちんと守る。 ☞p.29

⑦ 家族みんなで新年を□（いわ）う。

⑧ 五月は□□（しゅくじつ）が多いのでうれしい。

④「風のたより」は、「どこからともなく伝（つた）わってきたうわさ」のことをいう言葉です。

27 まとめのテスト4

1 ――の漢字の読みがなを書きなさい。 48点（一つ4）

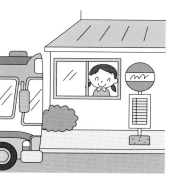

① 近くにバスていができ、便利になった。（　　）

② 三時に会う約束をしている。（　　）

③ お城の庭に松の木を植える。（　　）（　　）

④ バスで栃木に行った。（　　）

⑤ たん生日を祝って、よい香りの花をおくった。（　　）（　　）

⑥ 茨城出身のせい治家。（　　）（　　）

⑦ 試合の反省会をした。（　　）

⑧ この町はかつて栄えていた。（　　）

⑨ 直径十センチメートルの円をかく。（　　）

2 □にあてはまる漢字を書きなさい。

52点（一つ4）

① 百科□□（じてん）で調べる。

② □□（ひこう）機（き）から見る風景（けい）は、とても美しい。

③ □（いさ）ましい□□（ぐんか）が鳴りひびく。

④ □□□（あかしんごう）が□（か）わるのを待つ。

⑤ この家を□（た）てたのは□□（さくねん）だ。

⑥ わたしの母は行動□（てき）だ。

⑦ □□（ひつよう）な部数を□（す）る。

⑧ セントは、アメリカのお金の□□（たんい）である。

⑨ □（あさ）い川なので、安心して泳げる。

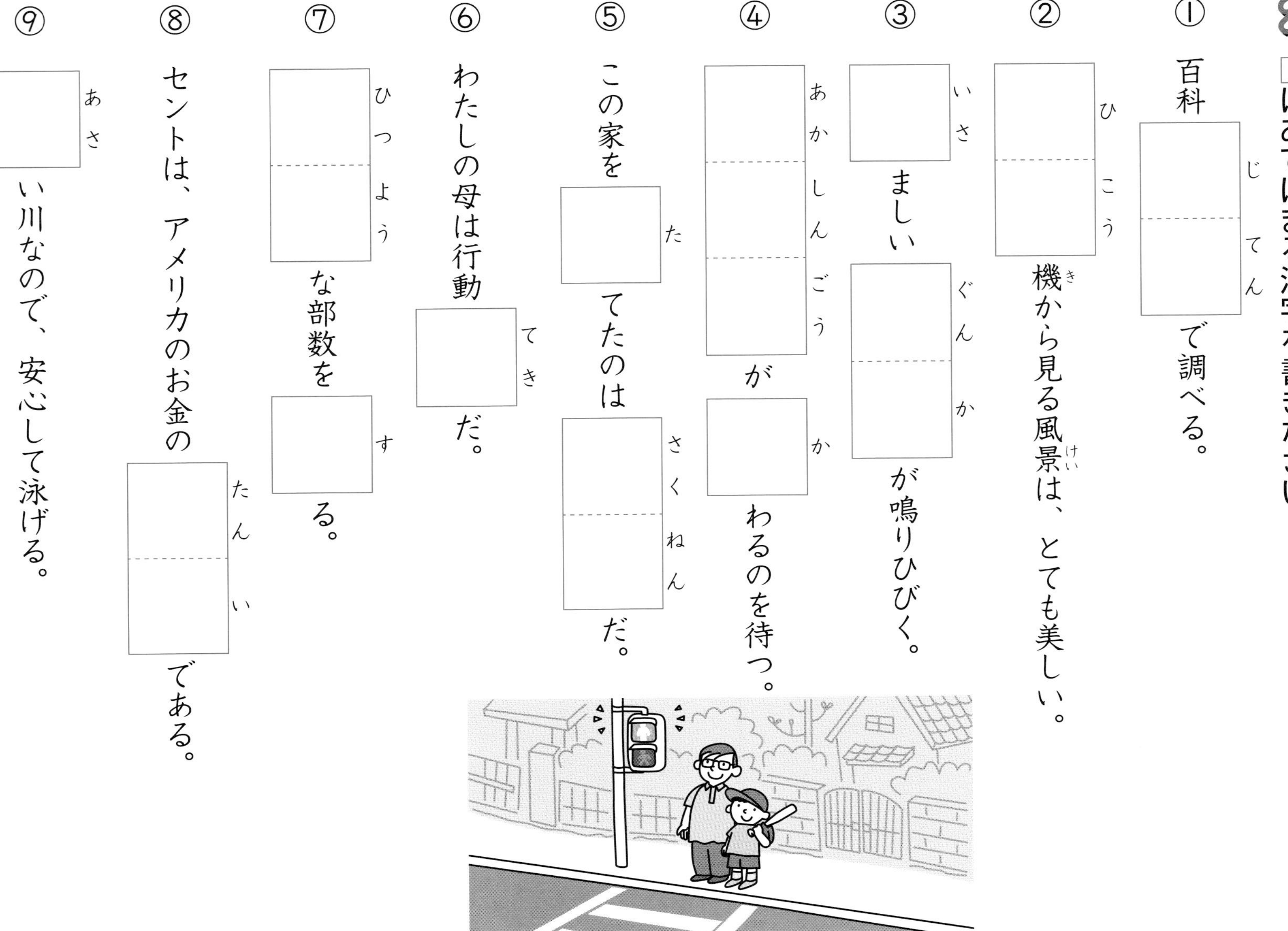

10画 案・残・徒・連・料

月　日　目標時間 15分

名前

合かく80点　/100点

書いて覚えよう！

案（10画）
- おん：アン
- 言葉：案内（あんない）　名案（めいあん）　てい案（あん）
- 部首：木（き）
- 筆順：1 丶 2 丷 3 宀 4 ⺈ 5 安 6 安 7 安 8 案 9 案 10 案

残（10画）
- おん：ザン
- くん：のこる　のこす
- 言葉：残念（ざんねん）　残暑（ざんしょ）　心（こころ）に残（のこ）る
- 部首：歹（がつへん・いちたへん）
- 筆順：1 一 2 ア 3 歹 4 歹 5 歹 6 歹 7 歹 8 残 9 残 10 残

徒（10画）
- おん：ト
- 言葉：生徒（せいと）　徒競走（ときょうそう）　徒歩（とほ）
- 部首：彳（ぎょうにんべん）
- 筆順：1 ノ 2 ク 3 彳 4 彳 5 彳 6 往 7 往 8 往 9 徒 10 徒

連（10画）
- おん：レン
- くん：つらなる　つらねる　つれる
- 言葉：連続（れんぞく）　連勝（れんしょう）　山（やま）が連（つら）なる
- 部首：辶（しんにょう・しんにゅう）
- 筆順：1 一 2 ㄏ 3 㠯 4 㠯 5 㠯 6 亘 7 車 8 連 9 連 10 連

料（10画）
- おん：リョウ
- 言葉：料理（りょうり）　料金（りょうきん）　原料（げんりょう）
- 部首：斗（とます）
- 筆順：1 丶 2 ソ 3 ソ 4 半 5 米 6 米 7 米 8 米 9 米 10 料

1 読みがなを書いてから、なぞりなさい。 20点（一つ4）

①（　　）案内

②（　　）残る

③（　　）生徒

④（　　）連なる

⑤（　　）料理

80点（一つ10）

2 □にあてはまる漢字を書きなさい。

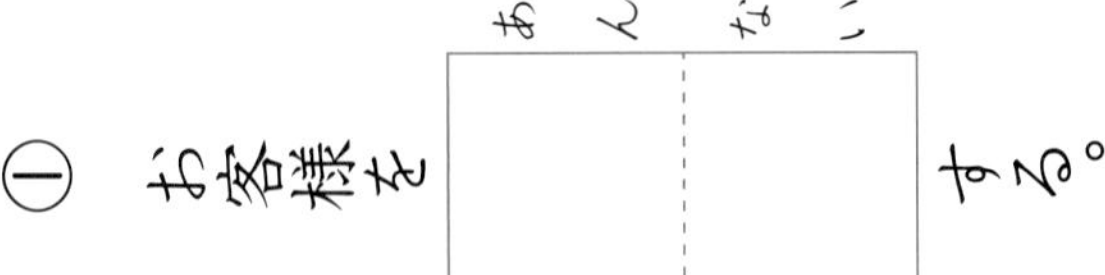
① お客様を［あんない］する。

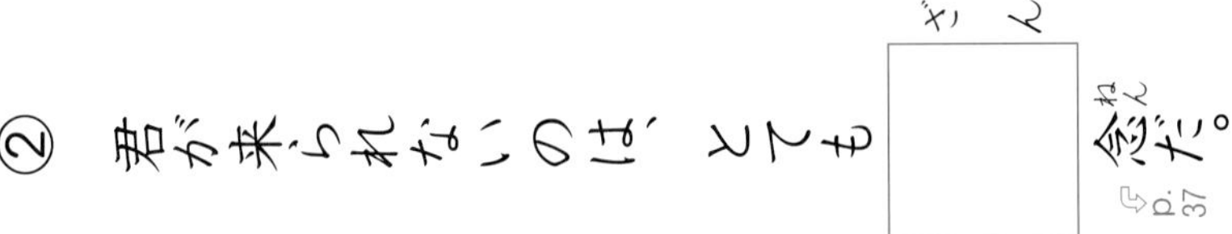
② 君が来られないのは、とても［ざん］念だ。（ねん）
☞p.37

③ 心に［のこ］る物語を読んだ。

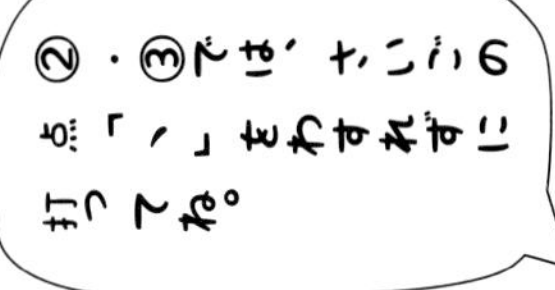

②・③では、たいこの「、」をわすれずに打ってね。

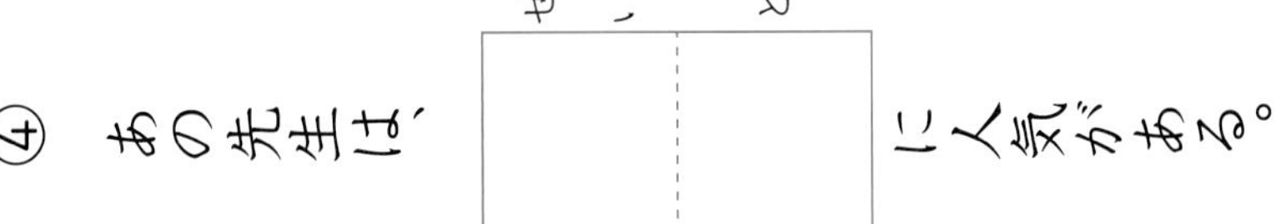
④ あの先生は、［せいと］に人気がある。

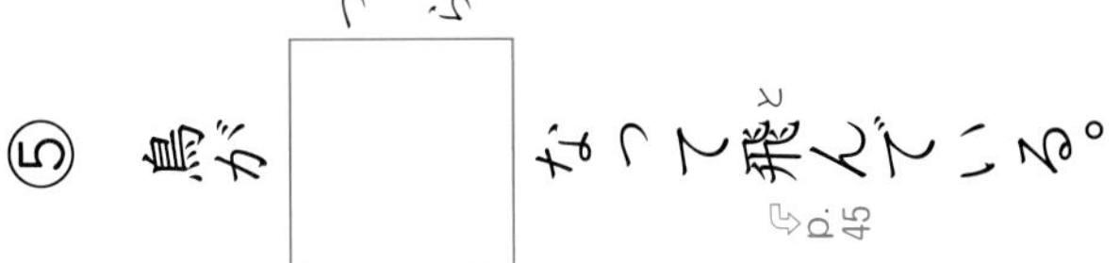
⑤ 鳥が［つら］なって飛（と）んでいる。
☞p.45

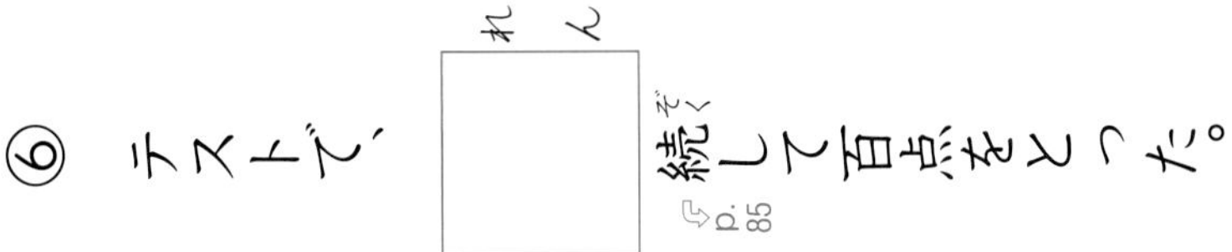
⑥ テストで、［れん］続（ぞく）して百点をとった。
☞p.85

⑦ 弟を［つ］れて遊園地に行った。

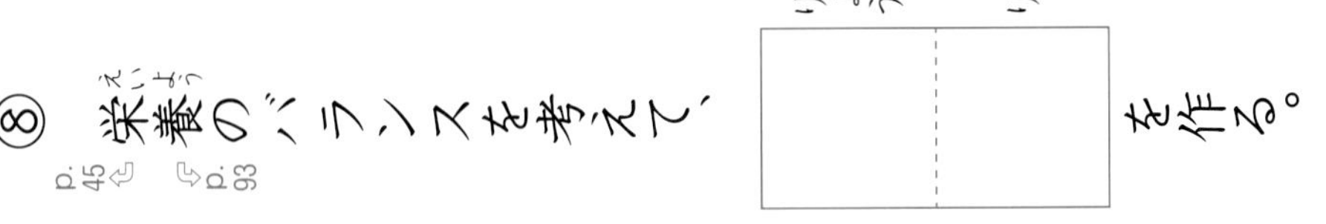
⑧ 栄養（えいよう）のバランスを考えて、［りょうり］を作る。
☞p.45 ☞p.93

⑥「れん」という音をもつ漢字は、ほかに「練」があります。使い方をまちがえないようにしましょう。

10画 席・差・害・特・訓

月　日　目標時間 15分

名前

合かく80点　/100点

書いて覚えよう！

漢字	読み	言葉	部首	筆順
席	おん：セキ	運転席（うんてんせき）、欠席（けっせき）、客席（きゃくせき）	巾（はば）	10画
差	おん：サ　くん：さす	点差（てんさ）、交差点（こうさてん）、差し引く（さしひく）、日差し（ひざし）	工（たくみ）	10画
害	おん：ガイ	無害（むがい）、有害（ゆうがい）、害虫（がいちゅう）、水害（すいがい）	宀（うかんむり）	10画
特	おん：トク	特別（とくべつ）、特定（とくてい）、特色（とくしょく）、特に（とくに）	牛（うしへん）	10画
訓	おん：クン	訓読み（くんよみ）、音と訓（おんとくん）、訓練（くんれん）	言（ごんべん）	10画

1 読みがなを書いてから、なぞりなさい。 20点（一つ4）

① 運転席（　　　）

② 日差し（　　　）

③ 有害（　　　）

④ 特別（　　　）

⑤ 訓読み（　　　）

2 □にあてはまる漢字を書きなさい。

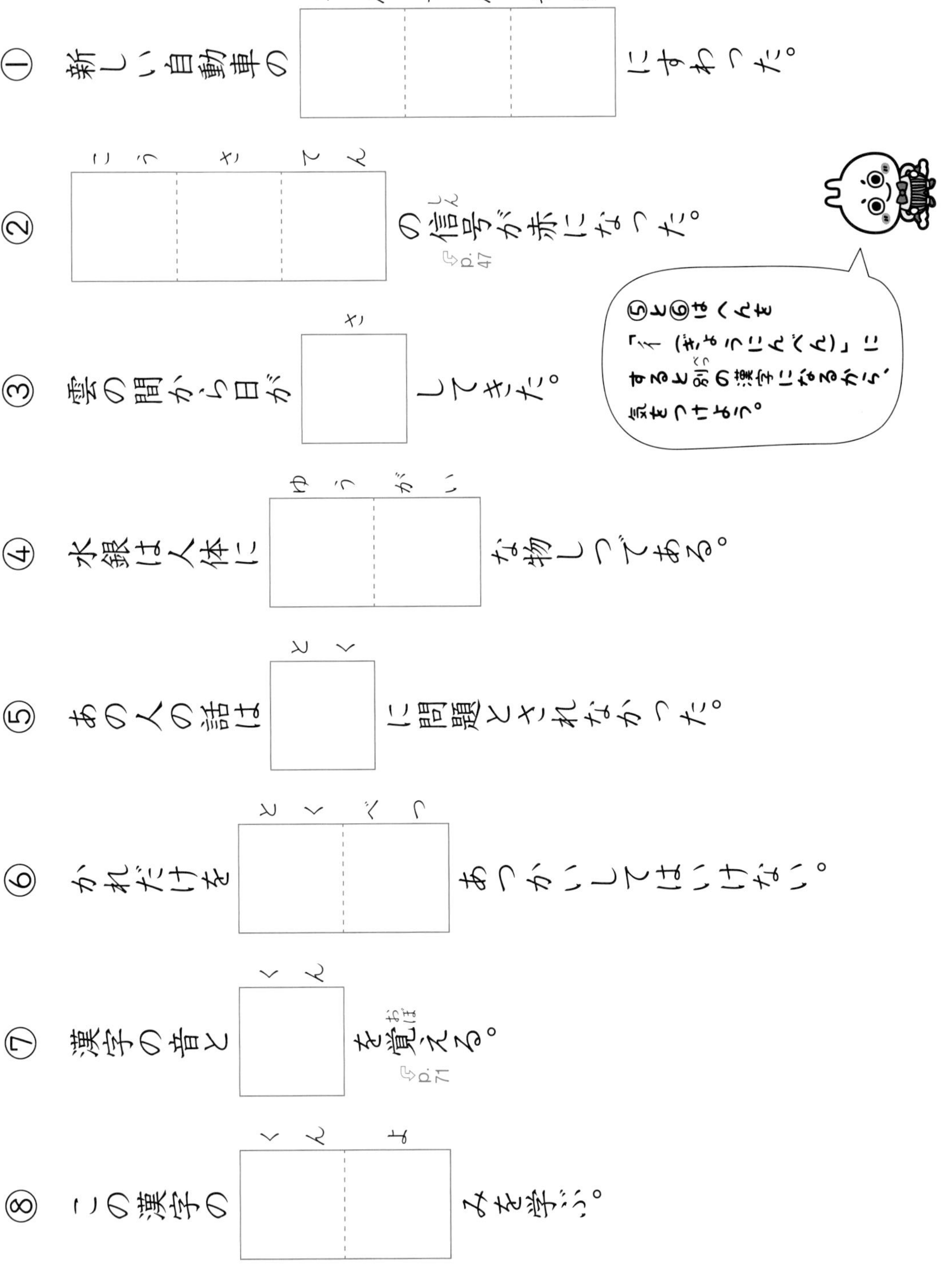

⑤と⑥はへんを
「彳(ぎょうにんべん)」に
すると別の漢字になるから、
気をつけよう。

① 新しい自動車の□□□(うんてんせき)にすわった。

② □□□(こうさてん)の信号が赤になった。 ☞p.47

③ 雲の間から日が□(さ)してきた。

④ 水銀は人体に□□(ゆうがい)な物しつである。

⑤ あの人の話は□(とく)に問題とされなかった。

⑥ かれだけを□□(とくべつ)あつかいしてはいけない。

⑦ 漢字の音と□(くん)を覚える。 ☞p.71

⑧ この漢字の□□(くんよ)みを学ぶ。

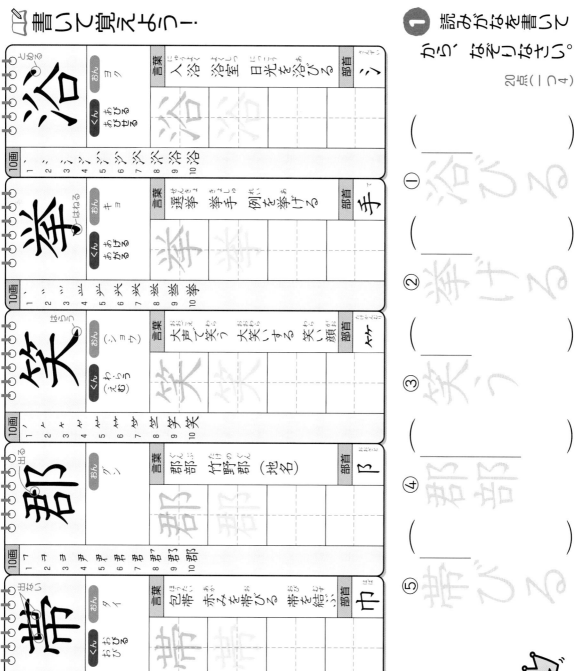

きほんのドリル

30 10画 浴・挙・笑・郡・帯

名前　月　日　目標時間 15分　合かく80点　/100点

書いて覚えよう！

浴（とめる）
おん：ヨク
くん：あびる　あびせる
言葉：入浴（にゅうよく）　浴室（よくしつ）　日光（にっこう）を浴（あ）びる
部首：氵（さんずい）
10画：1 丶　2 冫　3 氵　4 氵　5 氵　6 氵　7 浴　8 浴　9 浴　10 浴

挙（はねる）
おん：キョ
くん：あげる　あがる
言葉：選挙（せんきょ）　挙手（きょしゅ）　例（れい）を挙（あ）げる
部首：手（て）
10画：1 丶　2 丷　3 ⺍　4 ⺍　5 ⺍　6 兴　7 兴　8 兴　9 兴　10 挙

笑（はらう）
おん：（ショウ）
くん：わらう　（えむ）
言葉：大声（おおごえ）で笑（わら）う　大笑（おおわら）いする　笑（わら）い顔（がお）
部首：⺮（たけかんむり）
10画：1 丿　2 𠂉　3 ⺮　4 ⺮　5 ⺮　6 ⺮　7 ⺮　8 笁　9 笑　10 笑

郡（出る）
おん：グン
言葉：郡部（ぐんぶ）　竹野郡（たけのぐん）（地名）
部首：阝（おおざと）
10画：1 フ　2 ヨ　3 ヨ　4 尹　5 尹　6 君　7 君　8 君　9 郡　10 郡

帯（出ない）
おん：タイ
くん：おびる　おび
言葉：包帯（ほうたい）　赤（あか）みを帯（お）びる　帯（おび）を結（むす）ぶ
部首：巾（はば）
10画：1 一　2 十　3 廾　4 卌　5 卌　6 卌　7 卌　8 带　9 帯　10 帯

1 読みがなを書いてから、なぞりなさい。 20点（一つ4）

①（　　）浴びる
②（　　）挙げる
③（　　）笑う
④（　　）郡部
⑤（　　）帯びる

80点（一つ10）

2 □にあてはまる漢字を書きなさい。

① 暑い日に水を□（あ）びると気持ちがよい。

② 赤ちゃんを□□（にゅうよく）させる。

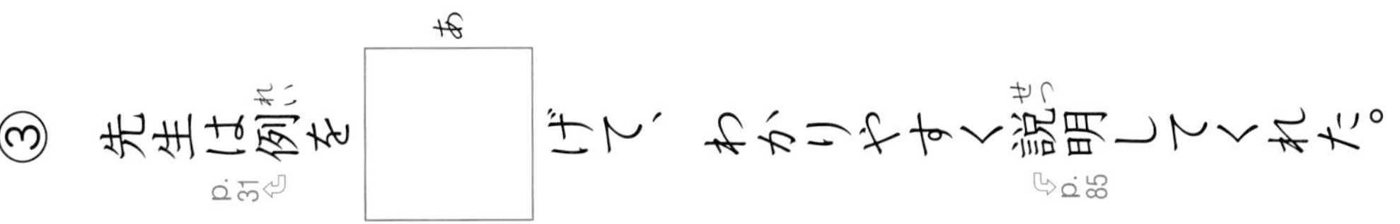

③ 先生は例（れい）を□（あ）げて、わかりやすく説明（せつめい）してくれた。 ☞p.31 ☞p.85

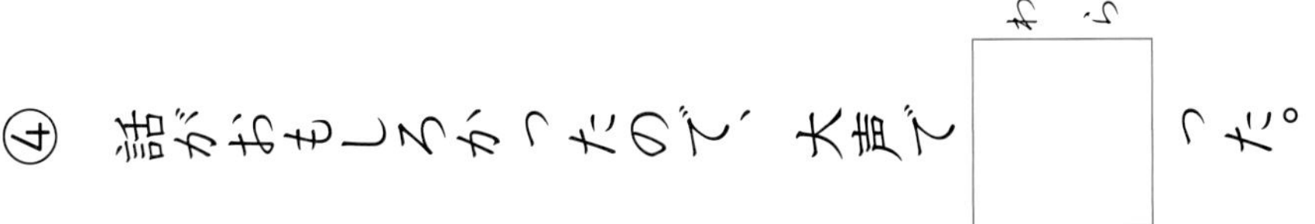

④ 話がおもしろかったので、大声で□（わら）った。

⑤ この地方の□□（ぐんぶ）には、緑の山やまが広がっている。

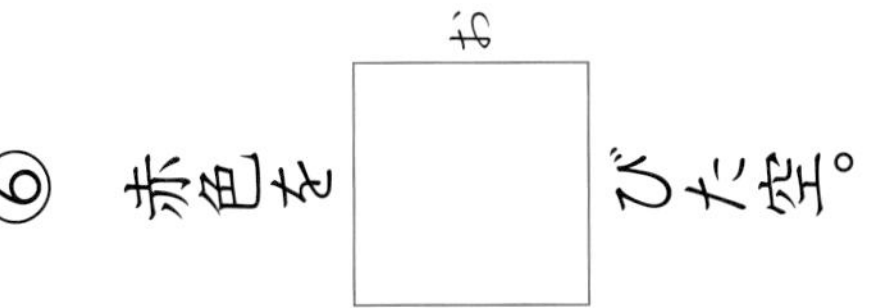

⑥ 赤色を□（お）びた空。

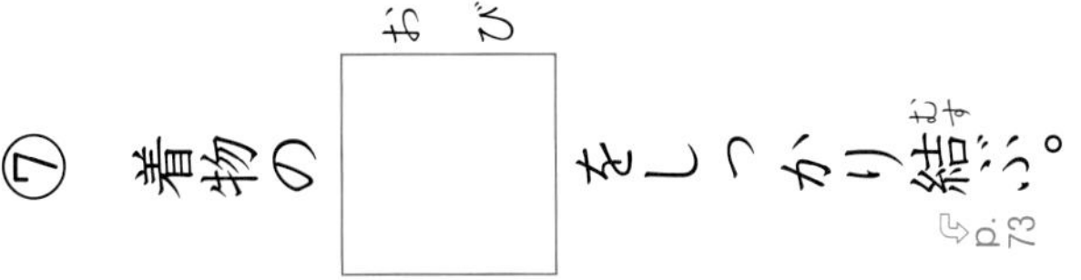

⑦ 着物の□（おび）をしっかり結（むす）ぶ。 ☞p.73

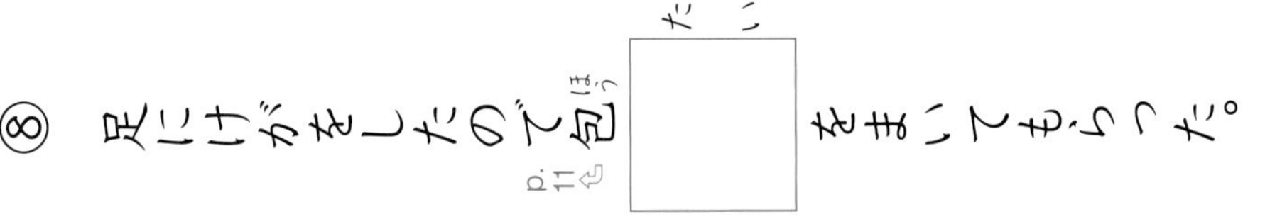

⑧ 足にけがをしたので包（ほう）□（たい）をまいてもらった。 ☞p.11

⑤の「ぐん」の
部首の画数に
気をつけよう。

③は「上げる」という同訓異字（どうくんいじ）があるので注意が必要（ひつよう）です。

31 きほんのドリル

10画 候・借・倉・孫・梅

月　日　目標時間 15分

名前　合かく80点　/100点

書いて覚えよう！

候（10画）
- おん：コウ
- くん：（そうろう）
- 言葉：気候（きこう）　悪天候（あくてんこう）　兆候（ちょうこう）
- 部首：亻（にんべん）

借（10画）
- おん：シャク
- くん：かりる
- 言葉：借用（しゃくよう）　借金（しゃっきん）　本を借りる（ほんをかりる）
- 部首：亻（にんべん）

倉（10画）
- おん：ソウ
- くん：くら
- 言葉：倉庫（そうこ）　こく倉地帯（こくそうちたい）　米倉（こめぐら）
- 部首：人（ひとやね）

孫（10画）
- おん：ソン
- くん：まご
- 言葉：子孫（しそん）　初孫（はつまご）
- 部首：子（こへん）

梅（10画）
- おん：バイ
- くん：うめ
- 言葉：松竹梅（しょうちくばい）　梅の花（うめのはな）
- 部首：木（きへん）

1 読みがなを書いてから、なぞりなさい。　20点（一つ4）

① 気候（　　　）

② 借りる（　　　）

③ 倉庫（　　　）

④ 初孫（　　　）

⑤ 梅の花（　　　）

80点（一つ10）

2 □にあてはまる漢字を書きなさい。

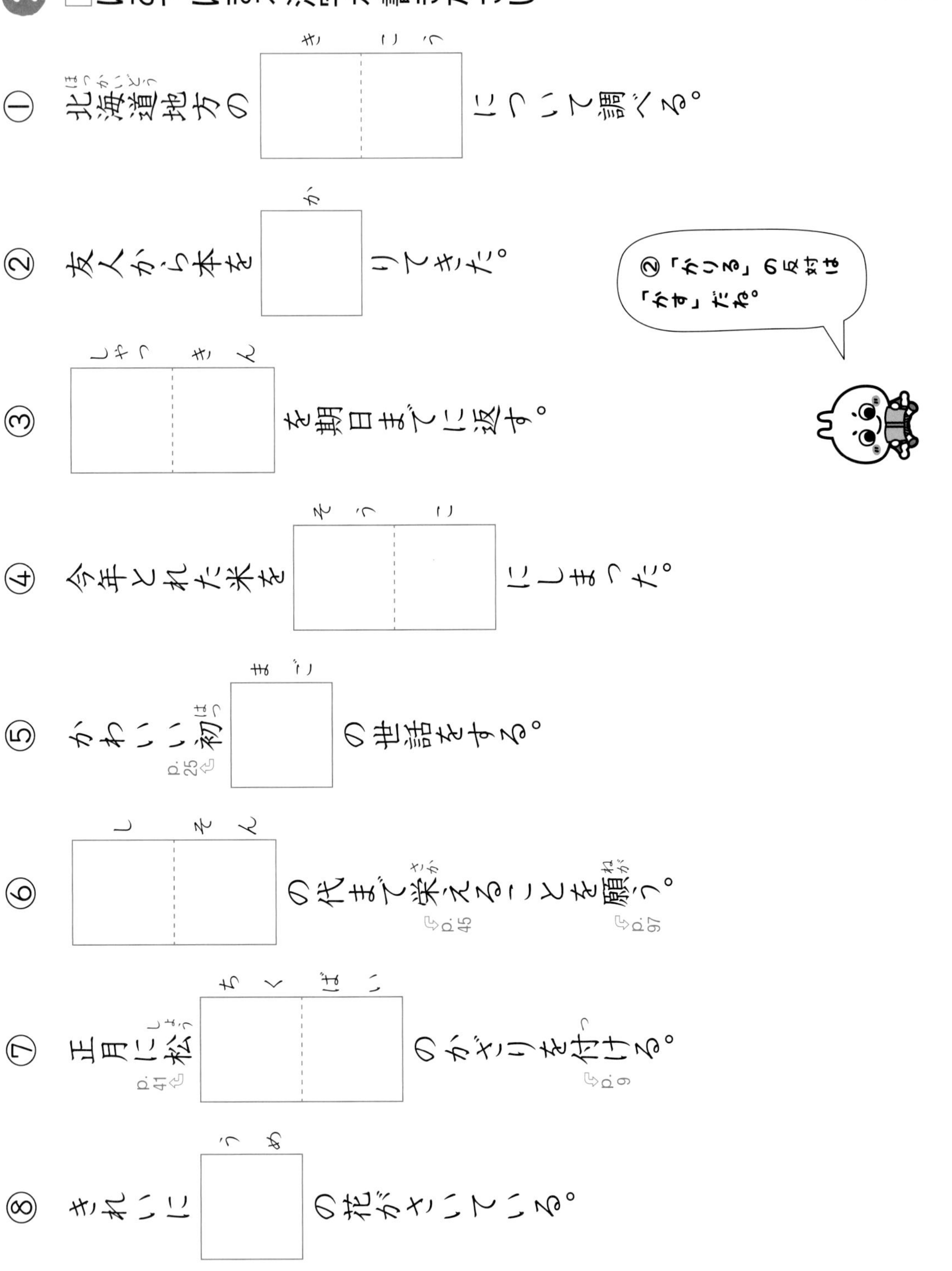

① 北海道（ほっかいどう）地方の□□（きこう）について調べる。

② 友人から本を□（か）りてきた。

③ □□（しゃっきん）を期日までに返す。

④ 今年とれた米を□□（そうこ）にしまった。

⑤ かわいい初（はつ）□（まご）の世話をする。 p.25

⑥ □□（しそん）の代まで栄（さか）えることを願（ねが）う。 p.45 p.97

⑦ 正月に松（しょう）□□（ちくばい）のかざりを付（つ）ける。 p.41 p.9

⑧ きれいに□（うめ）の花がさいている。

②・③は「亻（にんべん）」（人）、⑤・⑥は「子（こ・こへん）」（子）、⑦・⑧は「木（き・きへん）」（木）の漢字を使います。

きほんのドリル 32

11画 埼・崎・鹿・梨・貨

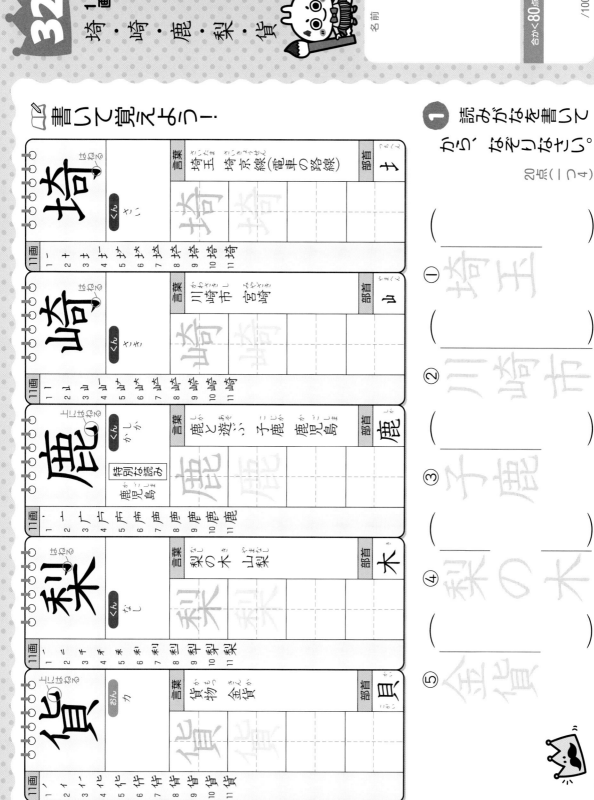

月　日　目標時間 15分

名前

合かく80点　/100点

書いて覚えよう！

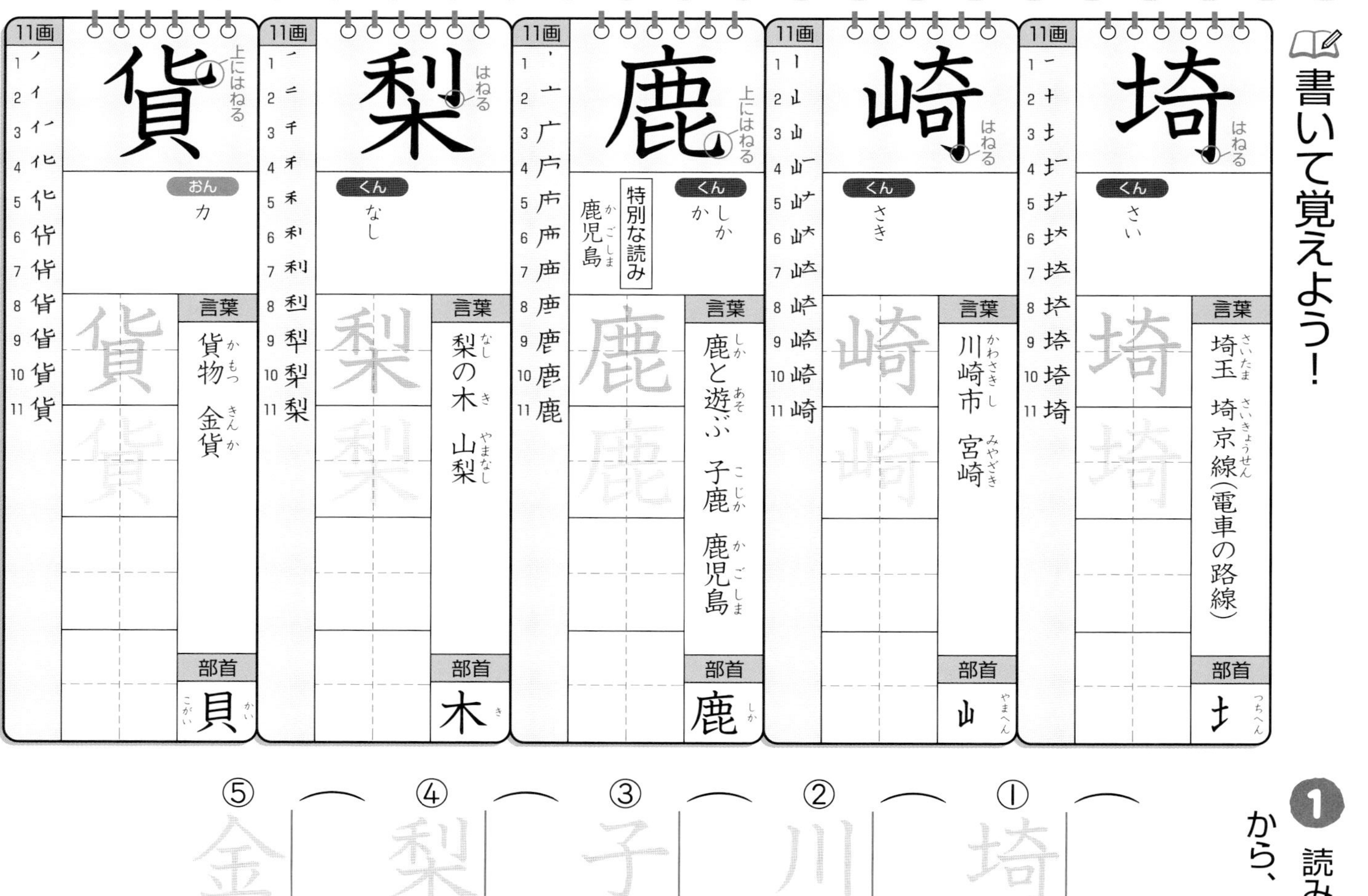

埼　はねる
くん　さい
言葉　埼玉(さいたま)　埼京線(さいきょうせん)(電車の路線)
部首　土(つちへん)
11画
崎　はねる
くん　さき
言葉　川崎市(かわさきし)　宮崎(みやざき)
部首　山(やまへん)
11画
鹿　上にはねる
くん　しか　か
特別な読み　鹿児島(かごしま)
言葉　鹿(しか)と遊(あそ)ぶ　子鹿(こじか)　鹿児島(かごしま)
部首　鹿(しか)
11画
梨　はねる
くん　なし
言葉　梨(なし)の木(き)　山梨(やまなし)
部首　木(き)
11画
貨　上にはねる
おん　カ
言葉　貨物(かもつ)　金貨(きんか)
部首　貝(こがい)
11画

1 読みがなを書いてから、なぞりなさい。　20点(一つ4)

① 埼玉（　　）

② 川崎市（　　）

③ 子鹿（　　）

④ 梨の木（　　）

⑤ 金貨（　　）

2 □にあてはまる漢字を書きなさい。

80点（一つ10）

① 友人は、□□(さいたま)に住んでいる。

② □□□(かわさきし)にあるお寺を見学する。

③ 森の中で□(しか)の親子に出会った。

④ さくら島(じま)は□(か)児島(ごしま)にある火山です。 ☞p.21

⑤ 庭にある□(なし)の木に実がなった。

⑥ □□(やまなし)はブドウとモモの産(さん)地として有名だ。 ☞p.67

⑦ たくさんの荷物を積(つ)んだ□□□(かもつせん)が入港した。 ☞p.95

⑧ わたしは、ざっ□(か)の店をもつのがゆめだ。

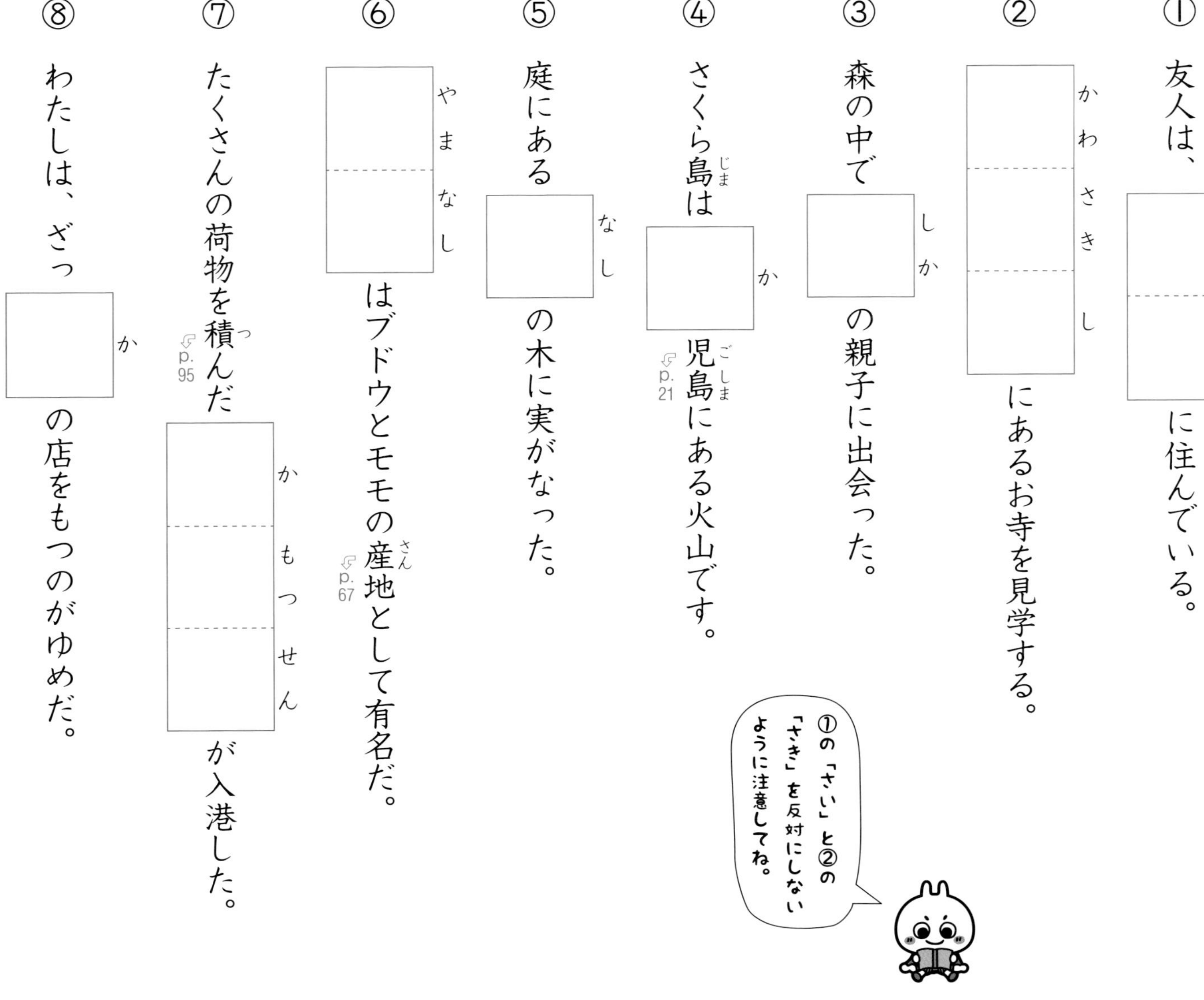

①の「さい」と②の「さき」を反対にしないように注意してね。

⑦・⑧の部首は「お金」を表します。

33
まとめのテスト5
名前
月
日
目標(ひょう)時間20分
合かく80点
/100点

1 ――の漢字の読みがなを書きなさい。

48点(一つ4)

① 大きく 点差 をつけて勝った。（　　）

② 気候 がよくなったらまた会いましょう。（　　）

③ 子どもたちが 連 なって歩いている。（　　）

④ えい画のあのシーンが、心に 残 っている。（　　）

⑤ 梅 ぼしを使った 料理 を作る。（　　）（　　）

⑥ 日光を 浴 びすぎると 有害 だ。（　　）（　　）

⑦ 埼玉 の 郡部 を地図でさがす。（　　）（　　）

⑧ わかった人は、手を 挙 げてください。（　　）

⑨ スポーツカーの 運転席 にすわってみたい。（　　）

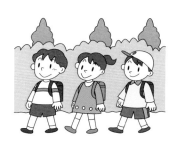

2 □にあてはまる漢字を書きなさい。

52点（一つ4）

① 美じゅつ館を［あんない］する。

② バスで［かわさきし］を観光する。

③ あの選手は［とくべつ］な［くんれん］を受けている。

④ 着物といっしょに［おび］も［か］りていいですか。

⑤ この木は［まご］が生まれたときに植えた［なし］の木だ。

⑥ ［せいと］会長の選挙を行う。

⑦ ［かもつ］用の［そうこ］。

⑧ 赤ちゃんがうれしそうに［わら］っている。

⑨ ［しか］が群れになって歩いていった。

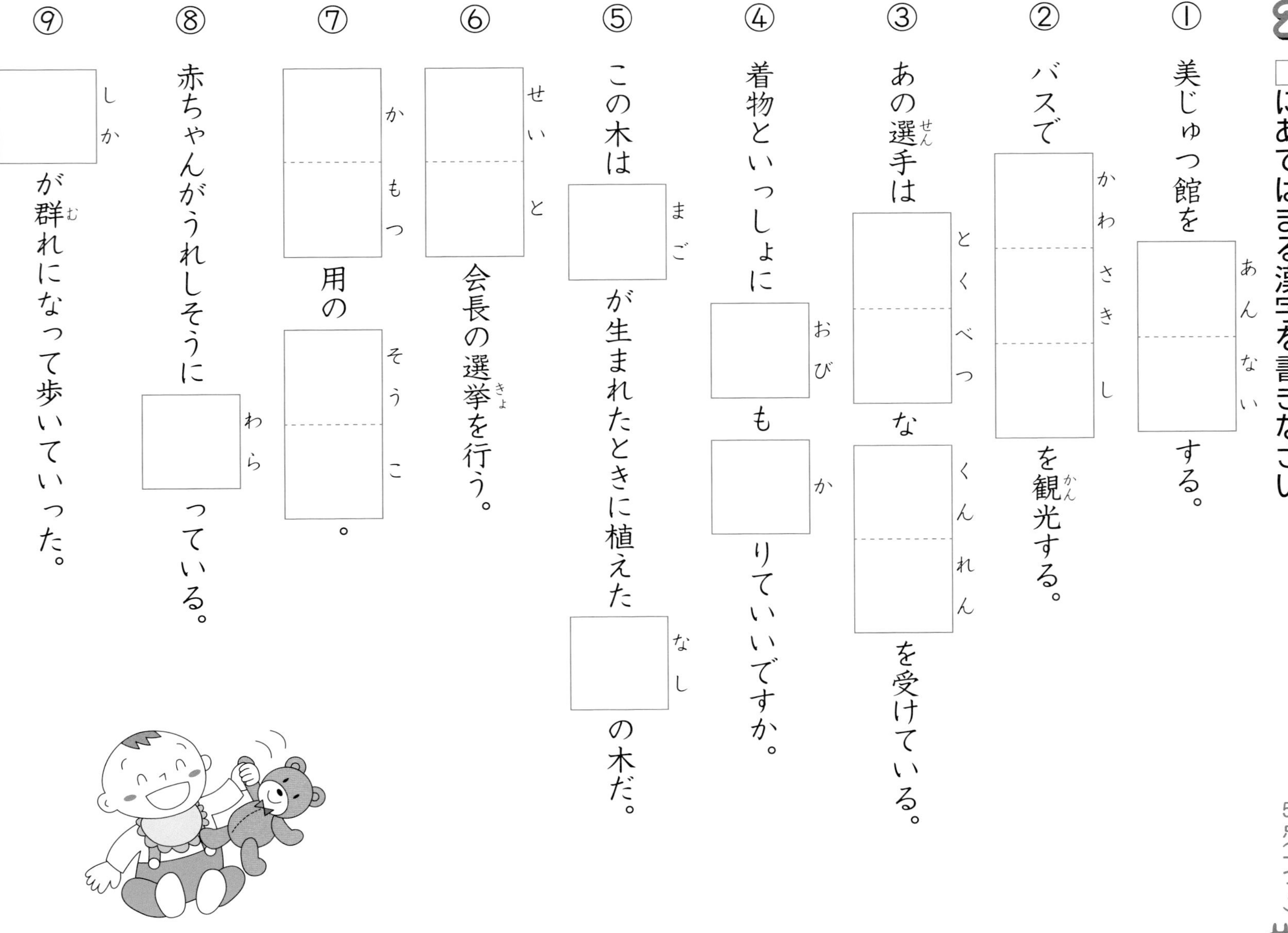

きほんのドリル 34

11画 健・康・械・陸・望

月　日　目標時間 15分

名前

合かく80点　/100点

書いて覚えよう！

健（出る）
おん：ケン
くん：（すこやか）
言葉：健康（けんこう）　健全（けんぜん）
部首：亻（にんべん）
11画：ノ イ イ' イ⺕ イ⺕ イ⺕ イ⺕ 俚 健 健 健

康（はねる）
おん：コウ
言葉：健康（けんこう）　小康（しょうこう）
部首：广（まだれ）
11画：丶 亠 广 户 户 庐 庐 庚 康 康 康

械（上にはねる）
おん：カイ
言葉：機械（きかい）　器械体そう（きかいたいそう）
部首：木（きへん）
11画：一 十 オ 木 木 朾 杧 栎 械 械 械

陸（上より長く）
おん：リク
言葉：陸地（りくち）　上陸（じょうりく）　着陸（ちゃくりく）　大陸（たいりく）
部首：阝（こざとへん）
11画：フ 3 阝 阝 阝+ 阝+ 阝+ 陆 陆 陸 陸

望（とめる）
おん：ボウ（モウ）
くん：のぞむ
言葉：望遠鏡（ぼうえんきょう）　希望（きぼう）　平和を望む（へいわをのぞむ）
部首：月（つき）
11画：丶 亠 亡 亡 訁 訁 訁 望 望 望 望

1 読みがなを書いてから、なぞりなさい。20点（一つ4）

① 健全（　　）

② 健康（　　）

③ 機械（　　）

④ 陸地（　　）

⑤ 望む（　　）

2 □にあてはまる漢字を書きなさい。

① これからも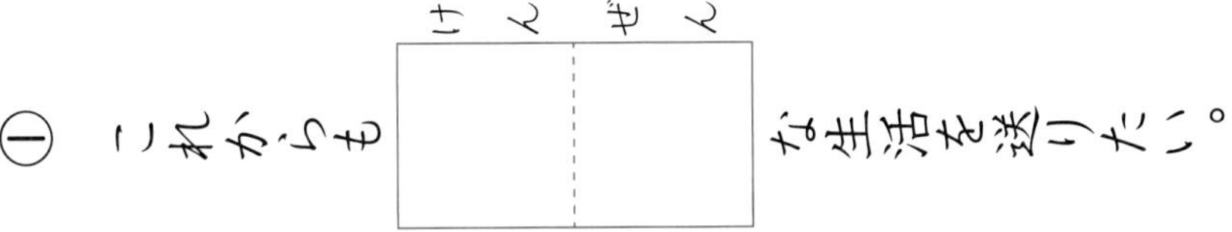（けんぜん）な生活を送りたい。

② 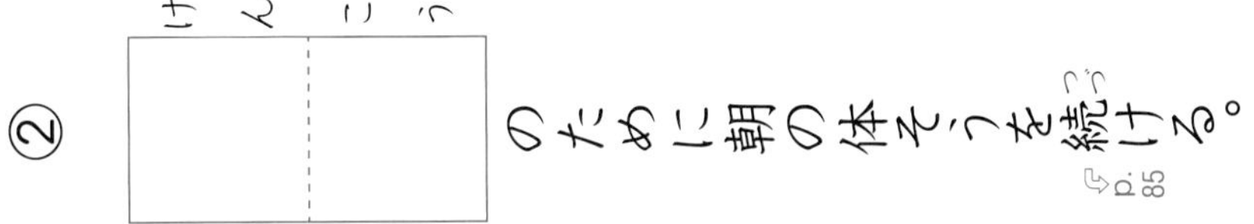（けんこう）のために朝の体そうを続(つづ)ける。 ☞p.85

③ 熱(ねつ)が下がり、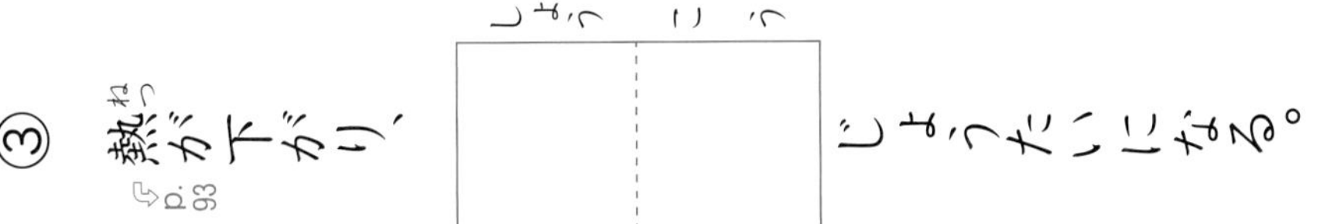（しょうこう）じょうたいになる。 ☞p.93

④ 兄は、自分だけでその機(き)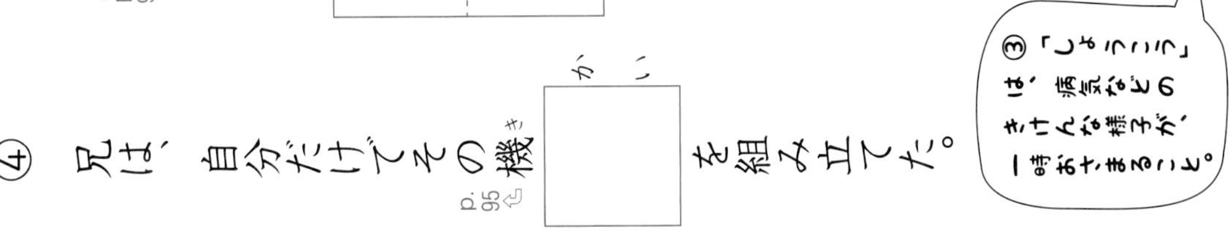（かい）を組み立てた。 ☞p.95

⑤ 海のかなたにようやく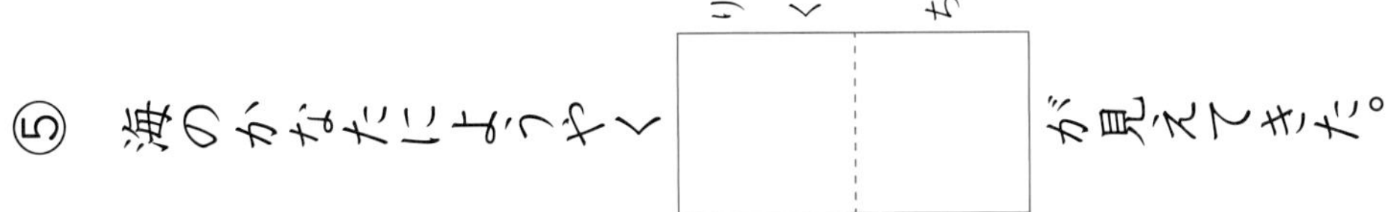（りくち）が見えてきた。

⑥ 小船でその島に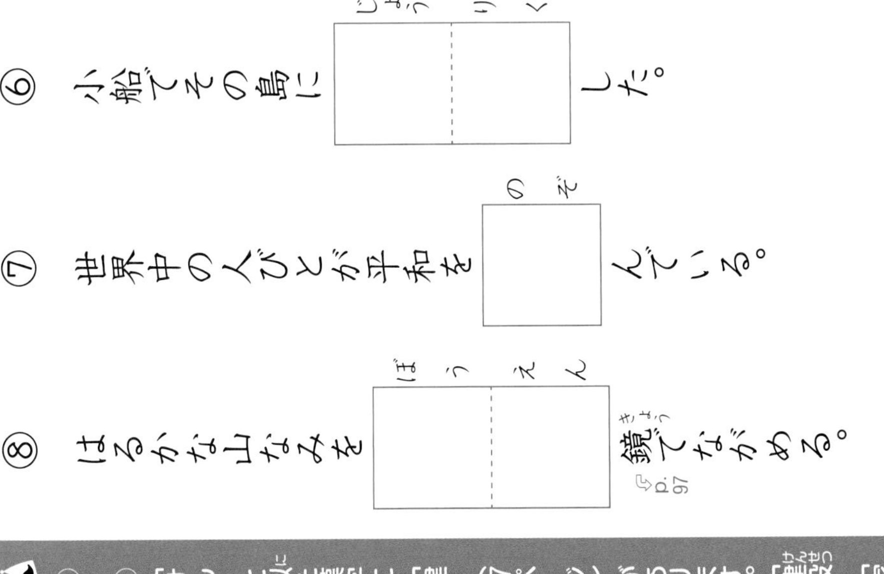（じょうりく）した。

⑦ 世界中の人びとが平和を□（のぞ）んでいる。

⑧ はるかな山なみを□□（ぼうえん）鏡(きょう)でながめる。 ☞p.97

①・②「けん」と似(に)た漢字に「建」（47ページ）があります。「建設(けんせつ)」「家を建(た)てる」などと使います。

35 11画 票・産・巣・清・敗

月　日　目標時間 15分

名前　　合かく80点　/100点

書いて覚えよう！

票
長く

おん：ヒョウ

言葉：投票（とうひょう）　伝票（でんぴょう）　開票（かいひょう）

部首：示（しめす）

11画：一 ㇀ 冖 襾 覀 覀 覀 覀 票 票 票

産
つけるところ注意

おん：サン

くん：う（む）　う（まれる）　（うぶ）

言葉：原産（げんさん）　産業（さんぎょう）　子犬を産む（こいぬをうむ）

部首：生（うまれる）

11画：丶 亠 亣 立 产 产 产 产 産 産 産

巣
とめる　とめる

おん：（ソウ）

くん：す

言葉：巣箱（すばこ）　くもの巣（す）

部首：⺍（つかんむり）

11画：丶 丶丶 ⺍ ⺌ 当 当 当 当 単 単 巣

清
はねる

おん：セイ　（ショウ）

くん：きよ（い）　きよ（まる）　きよ（める）

言葉：清書（せいしょ）　清流（せいりゅう）　清けつ（せいけつ）　清い心（きよいこころ）

部首：氵（さんずい）

11画：丶 冫 氵 氵 汁 洼 洼 清 清 清 清

敗
とめる　とめる

おん：ハイ

くん：やぶ（れる）

言葉：敗北（はいぼく）　失敗（しっぱい）　試合に敗れる（しあいにやぶれる）

部首：攵（ぼくづくり）

11画：丨 冂 冃 月 目 貝 貝 貝' 貝ト 敗 敗

1 読みがなを書いてから、なぞりなさい。 20点（一つ4）

① 投票（　　　）

② 産む（　　　）

③ 巣箱（　　　）

④ 清い（　　　）

⑤ 敗れる（　　　）

2 □にあてはまる漢字を書きなさい。

① 選挙（せんきょ）の 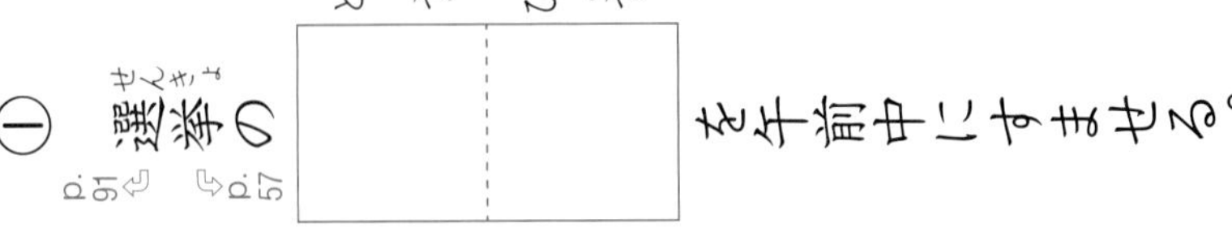 を午前中にすませる。（とう ひょう）　☞p.57　p.91

② にわとりがたまごを 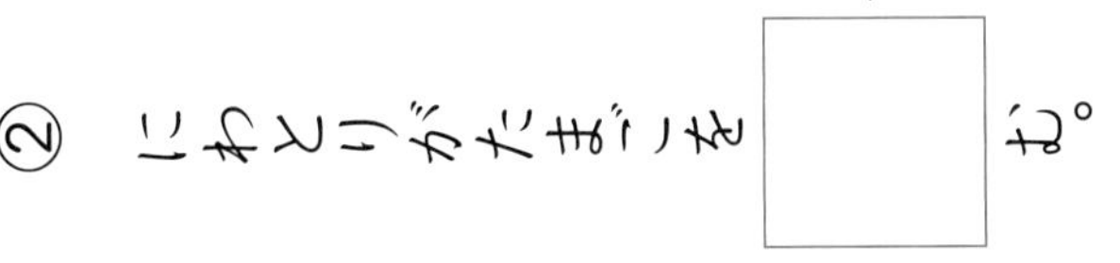 む。（う）

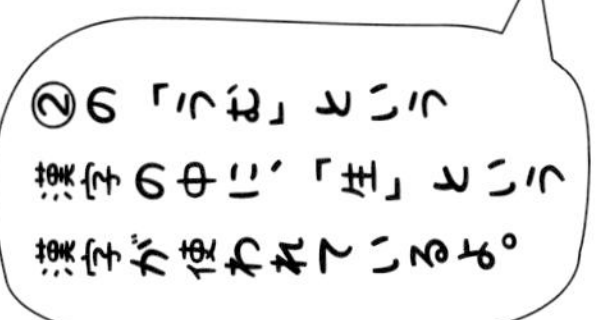

②の「うむ」という
漢字の中に、「生」という
漢字が使われているよ。

③ フランスの 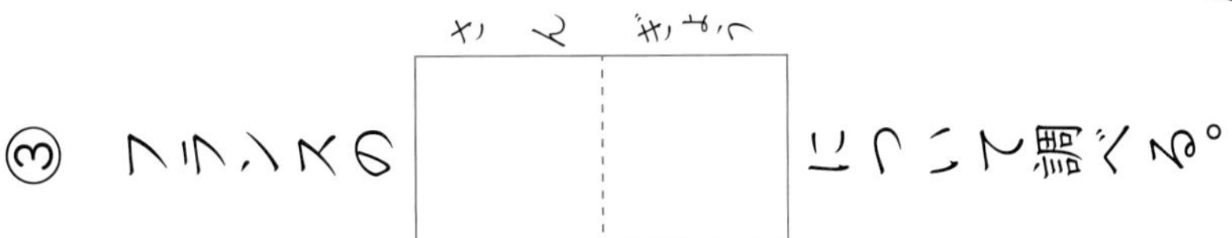 について調べる。（さん ぎょう）

④ 鳥の 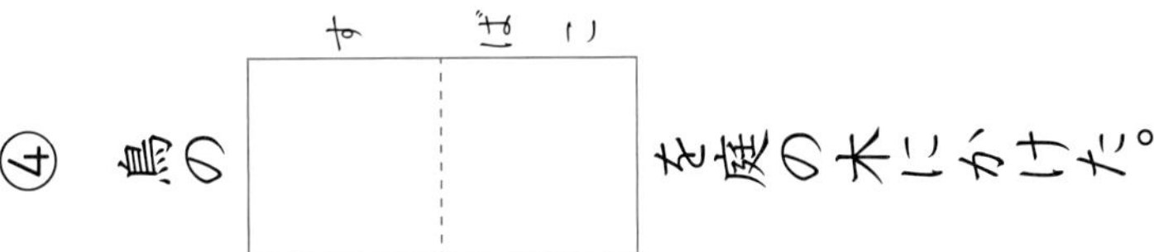 を庭の木にかけた。（す ばこ）

⑤ たきに打たれて、身も心も 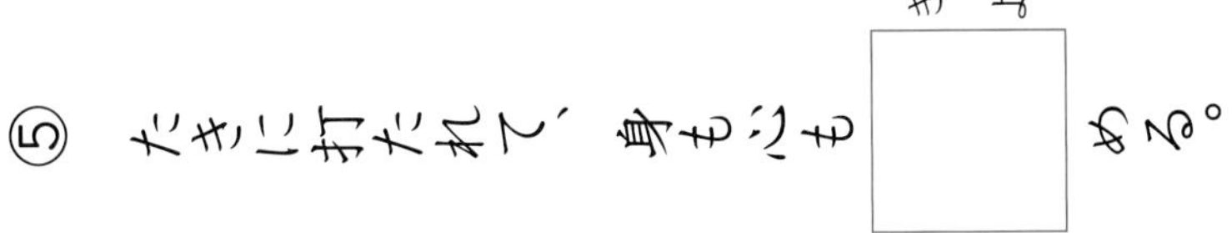 める。（きよ）

⑥ 手紙の下書きを  する。（せい しょ）

⑦ テニス大会で、試合（しあい）に  れる。（やぶ）　☞p.81

⑧ プラモデルを作るのを失（しっ） 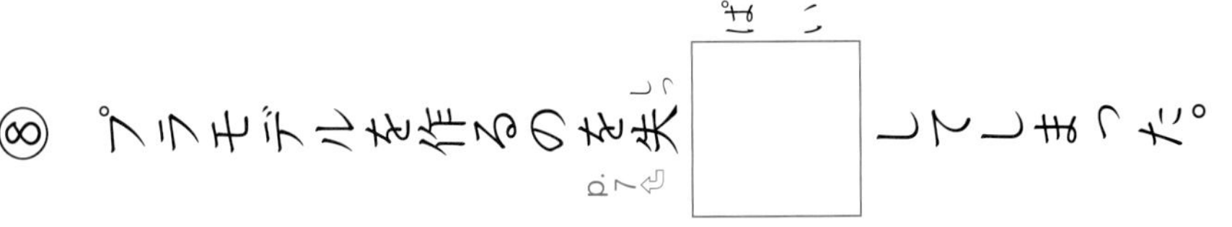 してしまった。（ぱい）　p.7

 ⑦「やぶれる」は、試合や勝負に負けることです。意味を考えて、漢字を使い分けるようにしましょう。

11画・12画 菜・側・唱・副・媛

月　日　目標時間 15分

名前

合かく80点　/100点

1 読みがなを書いてから、なぞりなさい。

20点(一つ4)

① (　　) 菜の花

② (　　) かた側

③ (　　) 唱える

④ (　　) 副会長

⑤ (　　) 愛媛

書いて覚えよう!

菜（とめる）
- おん：サイ
- くん：な
- 言葉：野菜（やさい）　白菜（はくさい）　菜の花（なのはな）
- 部首：艹（くさかんむり）
- 11画：1 一 2 十 3 艹 4 艹 5 艹 6 艹 7 艹 8 苹 9 菜 10 菜 11 菜

側（はねる）
- おん：ソク
- くん：がわ
- 言葉：側面（そくめん）　かた側（がわ）　向こう側（むこうがわ）
- 部首：亻（にんべん）
- 11画：1 ノ 2 亻 3 亻 4 仴 5 仴 6 俱 7 俱 8 俱 9 俱 10 側 11 側

唱（大きく）
- おん：ショウ
- くん：となえる
- 言葉：合唱（がっしょう）　暗唱（あんしょう）　平和を唱える（へいわをとなえる）
- 部首：口（くちへん）
- 11画：1 丨 2 口 3 口 4 口 5 口 6 口 7 口 8 唱 9 唱 10 唱 11 唱

副（はねる）
- おん：フク
- 言葉：副会長（ふくかいちょう）　副院長（ふくいんちょう）
- 部首：刂（りっとう）
- 11画：1 一 2 一 3 亖 4 亖 5 亖 6 畐 7 畐 8 畐 9 畐 10 副 11 副

媛（出る）
- おん：（エン）
- 言葉：才媛（さいえん）　名媛（めいえん）
- 特別な読み：愛媛（えひめ）
- 部首：女（おんなへん）
- 12画：1 ㄑ 2 ㄑ 3 女 4 女 5 女 6 女 7 女 8 娐 9 娐 10 媛 11 媛 12 媛

2 □にあてはまる漢字を書きなさい。

80点（一つ10）

① 黄色い□（な）の花が辺（あた）り一面にさいている。 ☞p.9

② 体のために□□（やさい）をたくさん食べる。

③ 道のかた□（がわ）には川が流れている。

④ あのビルの□□（そくめん）には、まどがたくさん付（つ）いている。 ☞p.9

⑤ その問題について、まっ先に反対意見を□（とな）える。

⑥ 音楽の時間に□□（がっしょう）の練習をした。

⑦ 兄はテニス部の□（ふく）キャプテンだ。

⑧ 家族で愛（え）□（ひめ）に行く。 ☞p.81

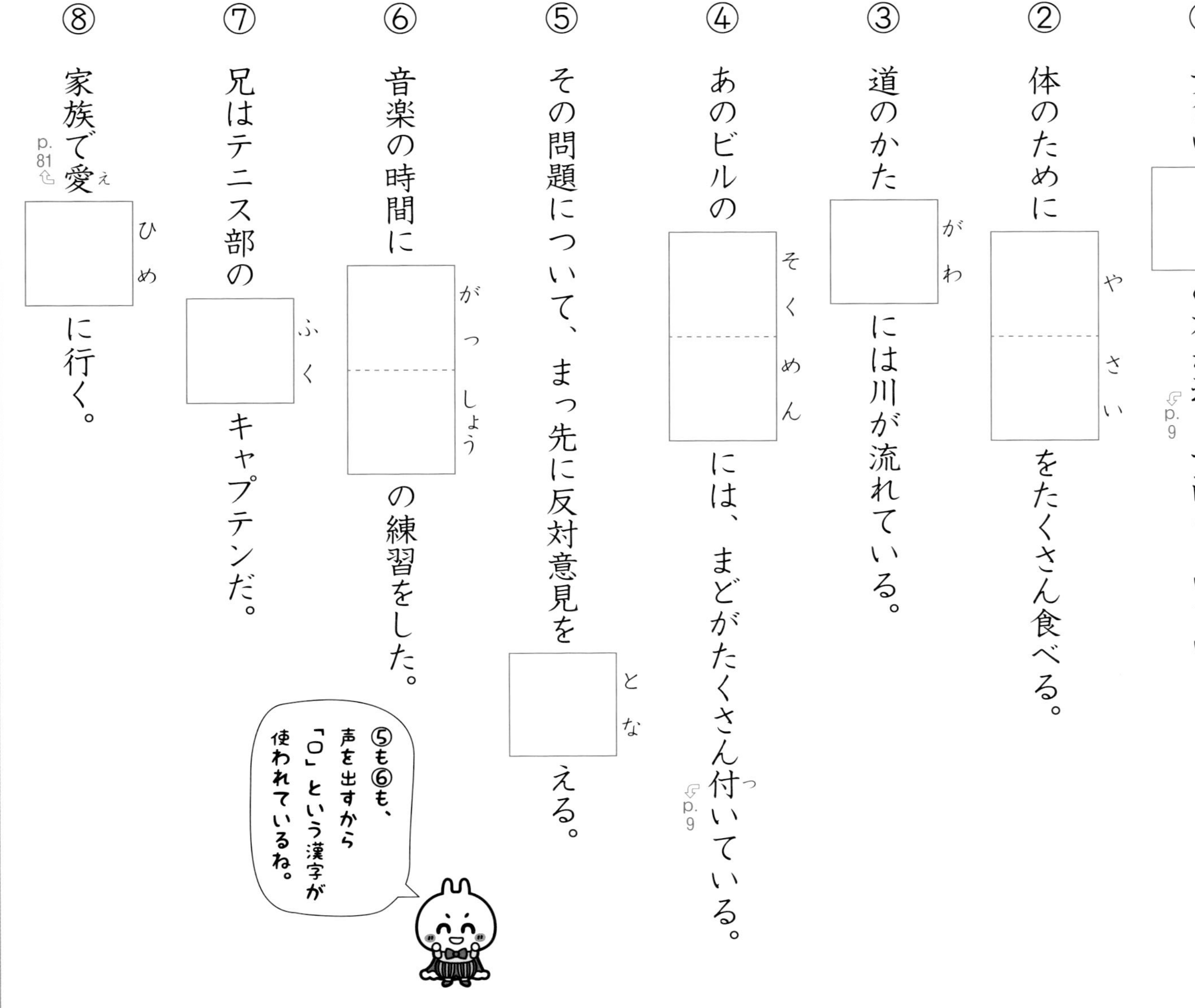

⑤も⑥も、
声を出すから
「口」という漢字が
使われているね。

③「がわ」④「そく」はへんを「氵」（さんずい）にすると、別（べつ）の漢字になります。

12画 賀・滋・富・街・覚

月　日　目標時間 15分

名前

合かく80点　/100点

書いて覚えよう！

賀（12画）
- おん：ガ
- 特別な読み：滋賀（しが）
- 言葉：賀正（がしょう）　年賀（ねんが）
- 部首：貝（かい）

滋（12画）
- おん：（ジ）
- 特別な読み：滋賀（しが）
- 言葉：滋味（じみ）　滋養（じよう）
- 部首：氵（さんずい）

富（12画）
- おん：フ（フウ）
- くん：と（む）　とみ
- 特別な読み：富山（とやま）
- 言葉：富士山（ふじさん）　富む（とむ）　富を手に入れる（とみをてにいれる）
- 部首：宀（うかんむり）

街（12画）
- おん：ガイ（カイ）
- くん：まち
- 言葉：商店街（しょうてんがい）　市街地（しがいち）　街角（まちかど）
- 部首：行（ぎょうがまえ・ゆきがまえ）

覚（12画）
- おん：カク
- くん：おぼ（える）　さ（ます）　さ（める）
- 言葉：自覚（じかく）　覚える（おぼえる）　覚ます（さます）　目覚め（めざめ）
- 部首：見（みる）

1 読みがなを書いてから、なぞりなさい。　20点（一つ4）

① 年賀（　　　）

② 滋賀（　　　）

③ 富む（　　　）

④ 街角（　　　）

⑤ 覚える（　　　）

80点（一つ10）

2 □にあてはまる漢字を書きなさい。

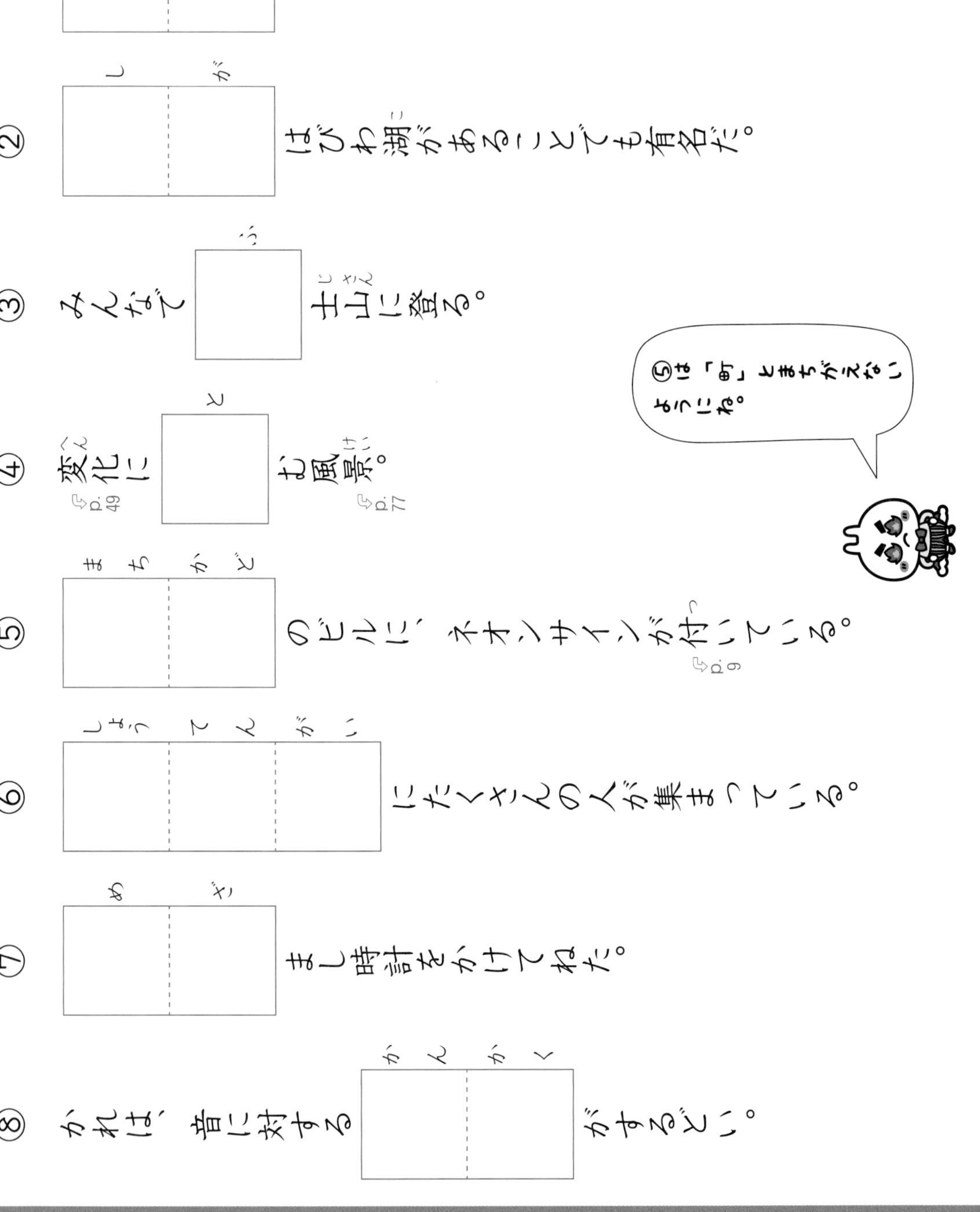

① （ねんが）□□はがきを買ってくる。

② （しが）□□はびわ湖があることでも有名だ。

③ みんなで（ふ）□士山に登る。

④ 変化に（と）□む風景。 ☞p.49 ☞p.77

⑤ （まちかど）□□のビルに、ネオンサインが付いている。 ☞p.9

⑥ （しょうてんがい）□□□にたくさんの人が集まっている。

⑦ （めざ）□□まし時計をかけてねた。

⑧ かれは、音に対する（かんかく）□□がするどい。

⑤・⑥の部首は「亻（にんべん）」ではなく、「行（ぎょうがまえ・ゆきがまえ）」です。

38 12画 結・達・量・無・然

月　日　目標時間 15分

名前

合かく80点　/100点

書いて覚えよう！

結（短く）
- おん：ケツ
- くん：むすぶ（ゆう）（ゆわえる）
- 言葉：結末（けつまつ）　結果（けっか）　ひもを結（むす）ぶ
- 部首：糸（いとへん）
- 12画

達（とめる）
- おん：タツ
- 言葉：発達（はったつ）　配達（はいたつ）　達成（たっせい）　速達（そくたつ）
- 部首：辶（しんにょう・しんにゅう）
- 12画

量（一番長く）
- おん：リョウ
- くん：はかる
- 言葉：大量（たいりょう）　軽量（けいりょう）　体重（たいじゅう）を量（はか）る
- 部首：里（さと）
- 12画

無（一番長く）
- おん：ム　ブ
- くん：ない
- 言葉：無料（むりょう）　無事（ぶじ）　無（な）い物（もの）ねだり
- 部首：灬（れんが）
- 12画

然
- おん：ゼン　ネン
- 言葉：自然（しぜん）　天然記念物（てんねんきねんぶつ）
- 部首：灬（れんが）
- 12画

1 読みがなを書いてから、なぞりなさい。 20点（一つ4）

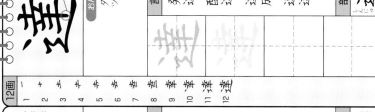

①（　　）結ぶ

②（　　）発達

③（　　）量る

④（　　）無い

⑤（　　）自然

2 □にあてはまる漢字を書きなさい。　80点（一つ10）

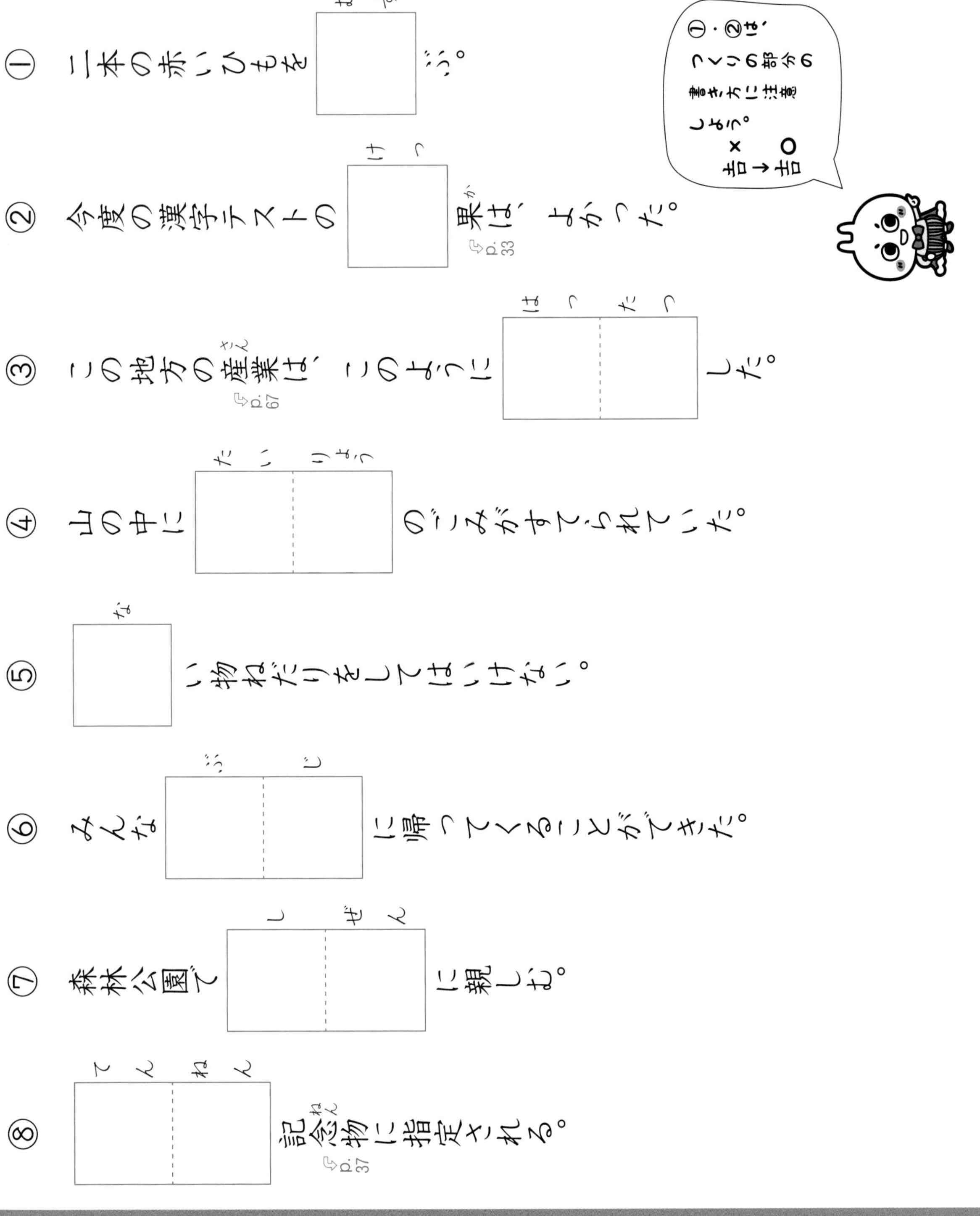

①・②は、
つくりの部分の
書き方に注意
しよう。
×吉→○吉

① 二本の赤いひもを［むす］ぶ。

② 今度の漢字テストの［けっ］果は、よかった。（☞p.33）

③ この地方の産（さん）業は、このように［はったつ］した。（☞p.67）

④ 山の中に［たいりょう］のごみがすてられていた。

⑤ ［な］い物ねだりをしてはいけない。

⑥ みんな［ぶじ］に帰ってくることができた。

⑦ 森林公園で［しぜん］に親しむ。

⑧ ［てんねん］記念（ねん）物に指定される。（☞p.37）

③「たつ」の「辶」を除（のぞ）いた部分は、「幸」ではありません。字画に注意して書きましょう。

39 まとめのテスト6

名前　　月　日　目標時間 20分　合かく80点　/100点

1 ――の漢字の読みがなを書きなさい。　48点（一つ4）

① 商店街（　）のコンビニで年賀（　）はがきを買った。

② ユーモアに富（　）んだ人物。

③ いつまでも清（　）い心をもち続（つづ）けよう。

④ 薬の副（　）作用に苦しむ。

⑤ クラス委員を選（えら）んで投票（　）する。

⑥ つばめが巣（　）に、たまごを産（　）んだ。

⑦ 滋賀（　）で作られた野菜（　）。

⑧ 平和を唱（　）える。

⑨ 星を望遠（　）鏡（きょう）でながめるのが楽しみだ。

2 □にあてはまる漢字を書きなさい。

52点（一つ4）

① たんけん隊（たい）は□□（ぶじ）に□□（じょうりく）した。

② 工事のため、かた□（がわ）通行となっている。

③ 大会は中止という□（けつ）ろんに□（たっ）した。

④ 何度□□（しっぱい）してもあきらめない。

⑤ 機（き）□（かい）を使って、□□（たいりょう）の荷物を運ぶ。

⑥ 川原（かわら）で□（な）の花をつんだ。

⑦ □□（がっしょう）コンクールで歌う歌を□（おぼ）える。

⑧ □□（しぜん）にかこまれて育つ。

⑨ 父は□□（けんこう）のために、毎日走っている。

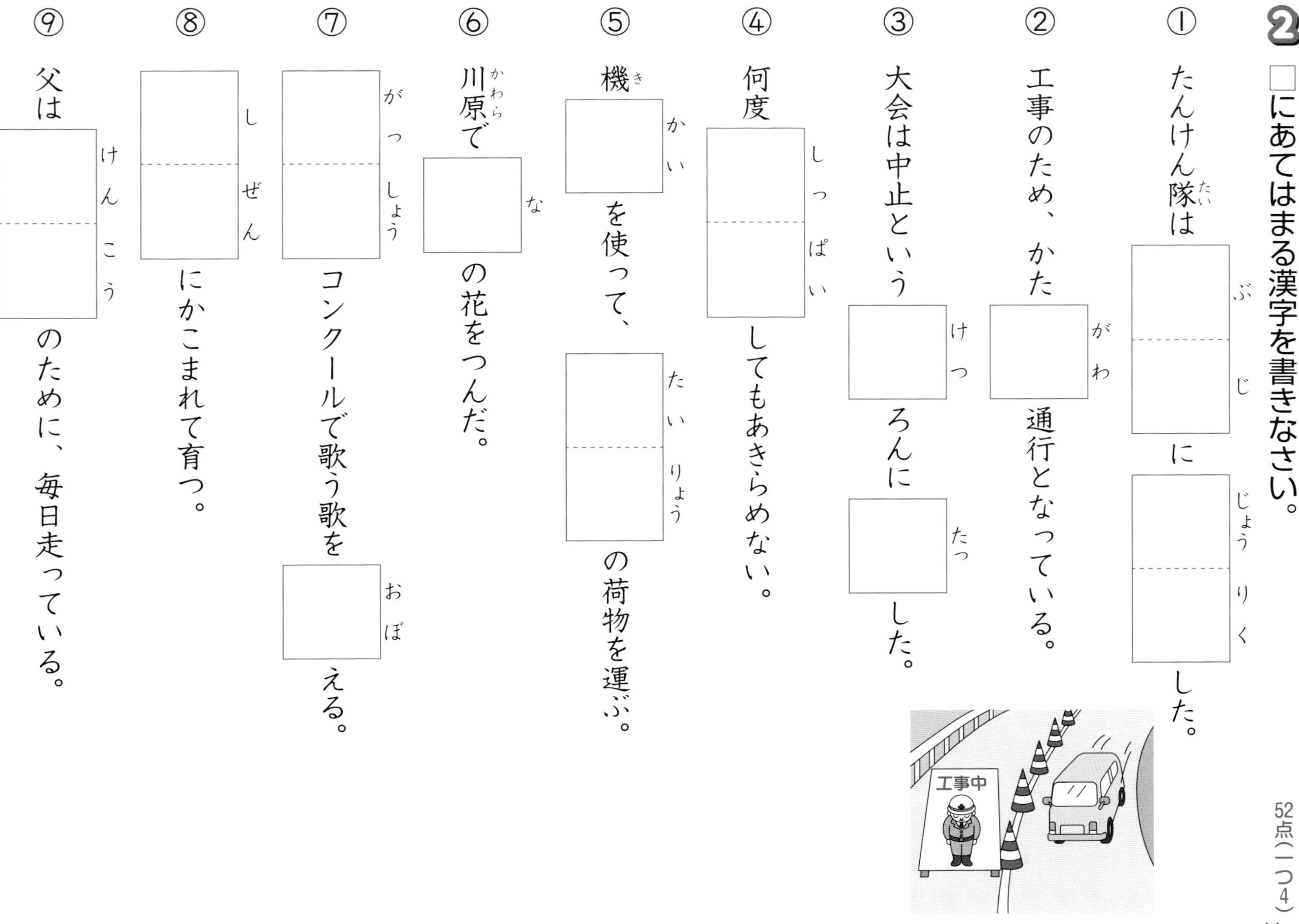

40 きほんのドリル

12画 最・景・極・給・散

目標時間(ひょう) 15分

名前　　月　　日

合かく80点　　/100点

書いて覚えよう！

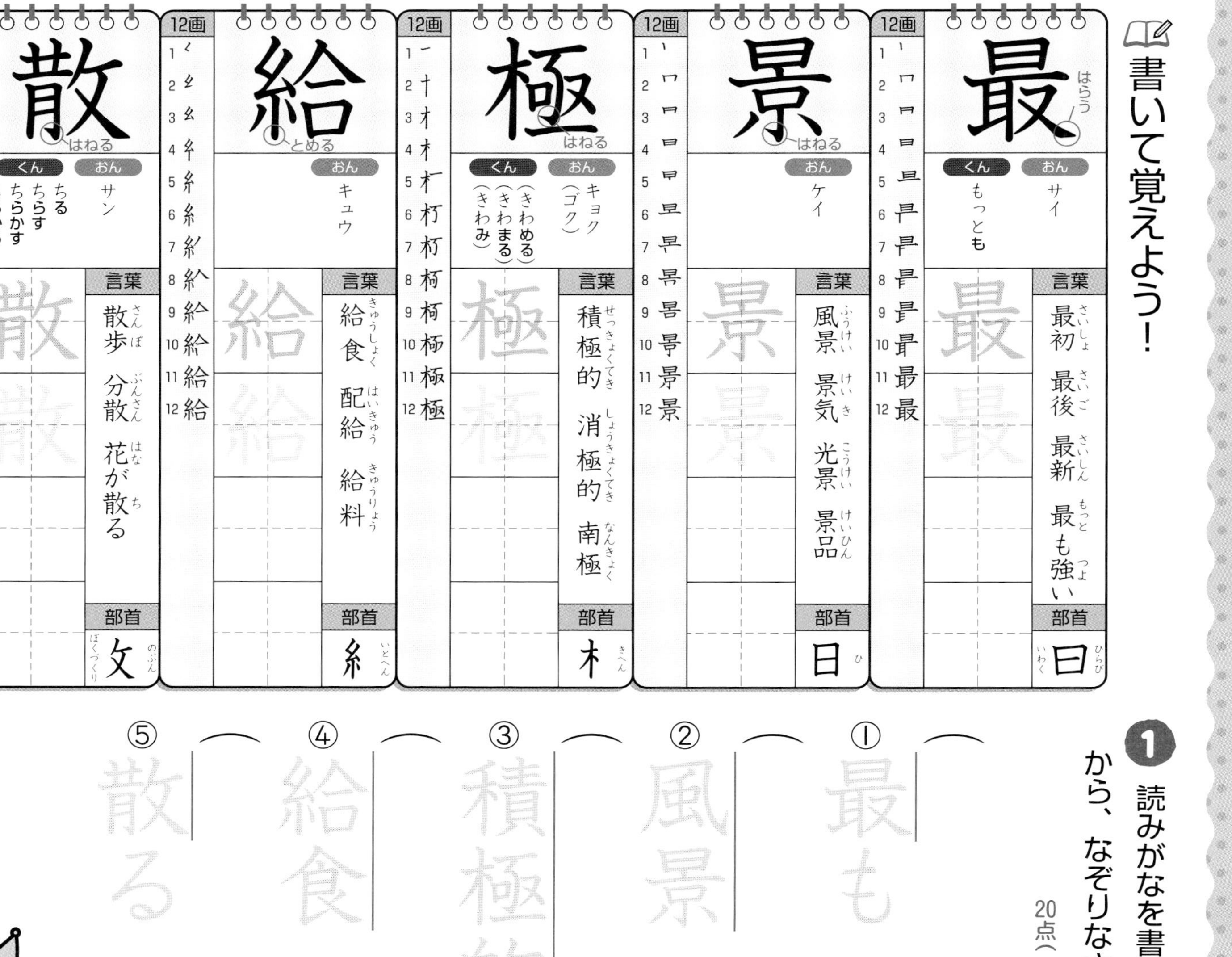

最（12画）
おん：サイ
くん：もっとも
はらう
言葉：最初（さいしょ）　最後（さいご）　最新（さいしん）　最も強い（もっと・つよ）
部首：曰（ひらび・いわく）

景（12画）
おん：ケイ
はねる
言葉：風景（ふうけい）　景気（けいき）　光景（こうけい）　景品（けいひん）
部首：日（ひ）

極（12画）
おん：キョク（ゴク）
くん：（きわめる）（きわまる）（きわみ）
はねる
言葉：積極的（せっきょくてき）　消極的（しょうきょくてき）　南極（なんきょく）
部首：木（きへん）

給（12画）
おん：キュウ
とめる
言葉：給食（きゅうしょく）　配給（はいきゅう）　給料（きゅうりょう）
部首：糸（いとへん）

散（12画）
おん：サン
くん：ちる　ちらす　ちらかす　ちらかる
はねる
言葉：散歩（さんぽ）　分散（ぶんさん）　花が散る（はな・ち）
部首：攵（のぶん・ぼくづくり）

1 読みがなを書いてから、なぞりなさい。

20点（一つ4）

① 最も（　　）
② 風景（　　）
③ 積極的（　　）
④ 給食（　　）
⑤ 散る（　　）

2 □にあてはまる漢字を書きなさい。

① ばらの花は、□（もっと）も好（す）きな花だ。 ☞p.13

② これが□□（さいご）のチャンスになる。

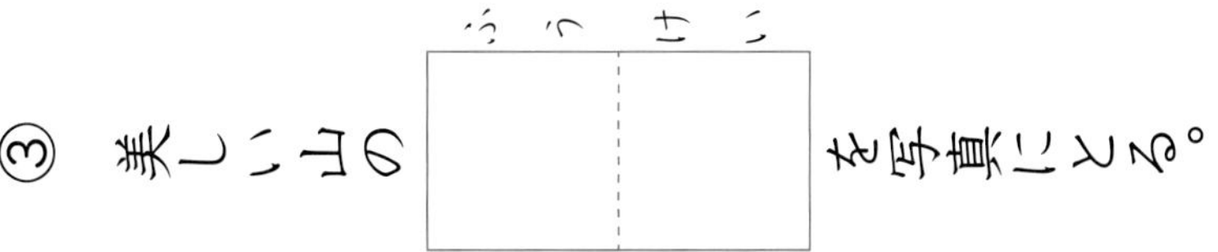

③ 美しい山の□□（ふうけい）を写真にとる。

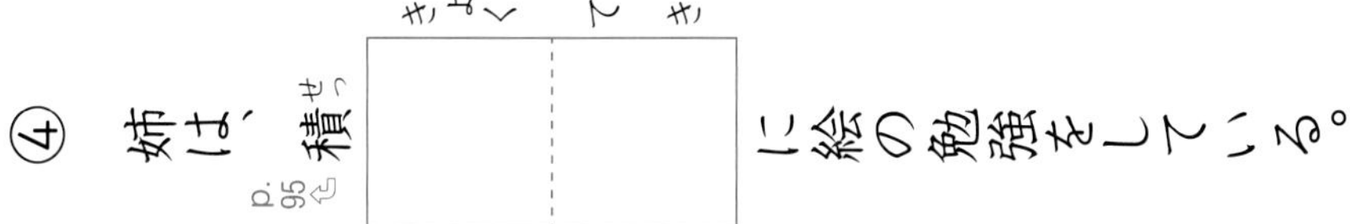

④ 姉は、積（せっ）□□（きょくてき）に絵の勉強をしている。 p.95☜

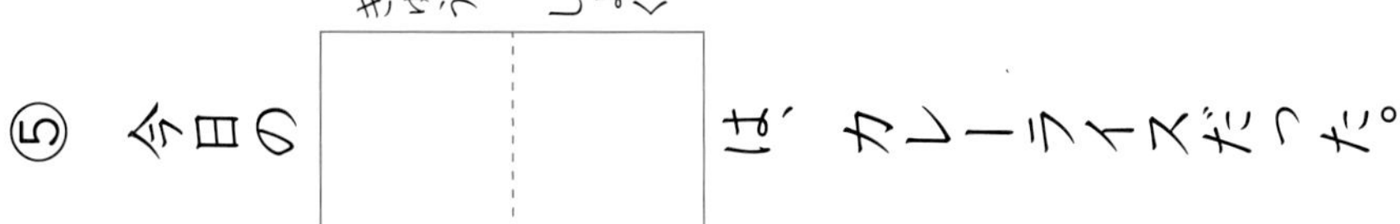

⑤ 今日の□□（きゅうしょく）は、カレーライスだった。

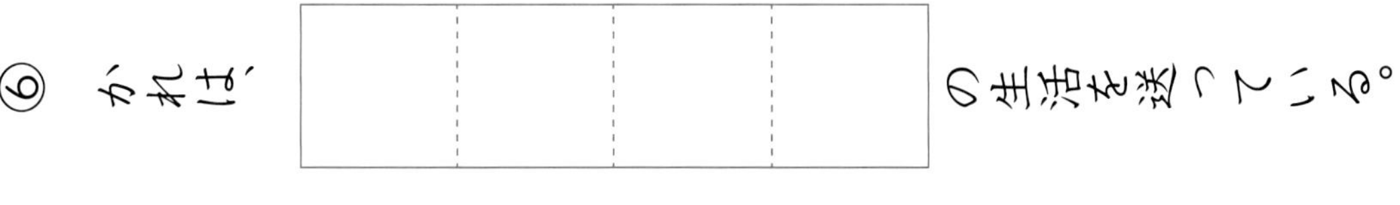

⑥ かれは、□□□□（じきゅうじそく）の生活を送っている。

⑦ 風にふかれて、さくらの花が□（ち）ってしまった。

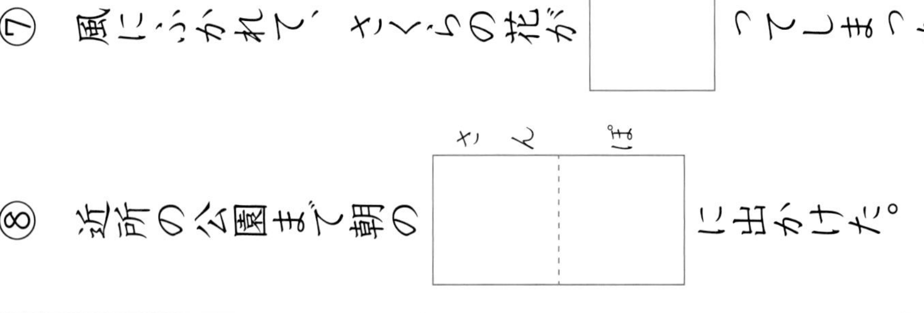

⑧ 近所の公園まで朝の□□（さんぽ）に出かけた。

⑥の「じきゅうじそく」は、「必要（ひつよう）なものを自分自身の力で生産（せいさん）すること」という意味です。

きほんのドリル 41

12画 順・隊・満・博・飯

目標時間 15分　月　日　名前　合かく80点　/100点

書いて覚えよう！

順　12画　一番長く
おん　ジュン
言葉　順に書く　順番　画数順
部首　頁（おおがい）
隊　12画　つけるところ注意
おん　タイ
言葉　兵隊　音楽隊　隊長
部首　阝（こざとへん）
満　12画　はねる
おん　マン　くん　みちる　みたす
言葉　満員　満点　満足　月が満ちる
部首　氵（さんずい）
博　12画　わすれずに
おん　ハク（バク）
言葉　博物館　博学
部首　十（じゅう）
飯　12画　たてに
おん　ハン　くん　めし
言葉　赤飯　ご飯　昼飯
部首　飠（しょくへん）

1 読みがなを書いてから、なぞりなさい。 20点（一つ4）

① 順番（　　）

② 兵隊（　　）

③ 満ちる（　　）

④ 博物館（　　）

⑤ 昼飯（　　）

2 □にあてはまる漢字を書きなさい。

80点（一つ10） 80

① 出席（せき）番号 p.55 □（じゅん）にならぶ。

② 漢字の □□（ひつじゅん）には、一定のきまりがある。

③ その戦争（せんそう）でたくさんの兵（へい）□（たい）が死んだ。 p.83 p.17 p.23

④ バケツに、水をいっぱいに □（み）たした。

⑤ 算数のテストで □□（まんてん）をとった。

⑥ 静（しず）かな森の中に □□□（はくぶつかん）があった。 p.89

⑦ いそがしいので、□□（ひるめし）を食べることができない。

⑧ 家族みんなで □□（ゆうはん）を食べた。

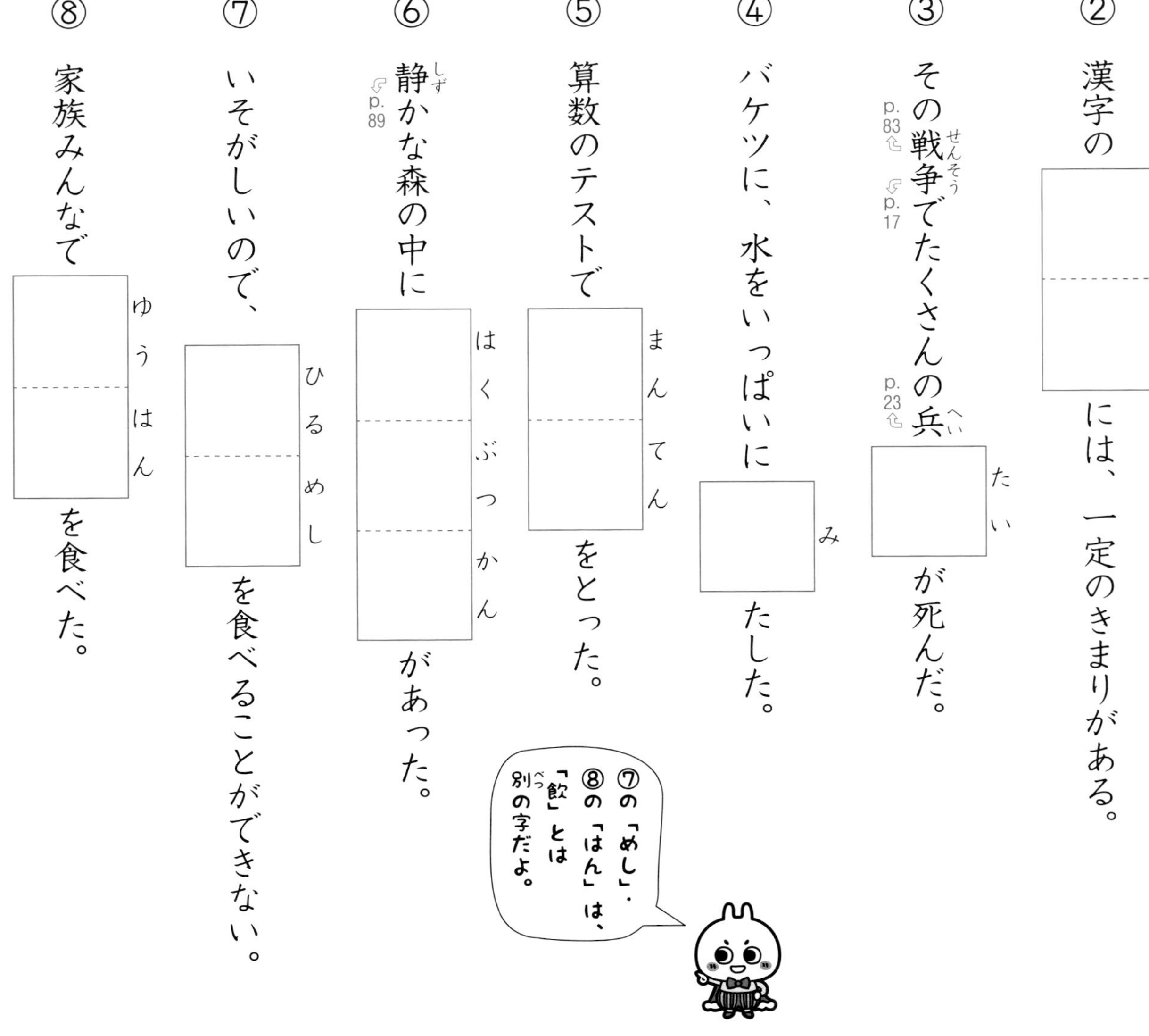

⑦の「めし」・
⑧の「はん」は、
「飲」とは
別（べつ）の字だよ。

⑥の「はく」は右上の「、」をわすれないようにしましょう。

42 12画・13画 焼・群・愛・試・節

月　日　目標時間 15分

名前

合かく80点　/100点

書いて覚えよう！

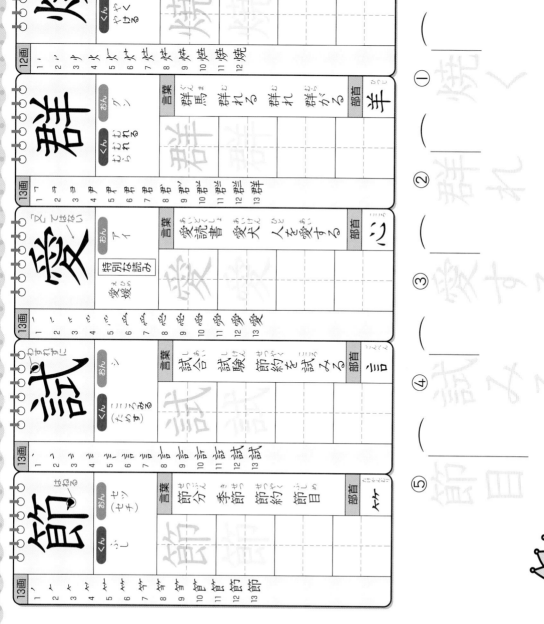

焼（12画）上にはねる
おん （ショウ）
くん や-く　や-ける
言葉：魚を焼く　焼き肉　日に焼ける
部首：火（ひへん）

群（13画）
おん グン
くん む-れる　む-れ　むら-がる
言葉：群馬　群れる　群れ　群がる
部首：羊（ひつじ）

愛（13画）「夂」ではない
おん アイ
特別な読み　愛媛（えひめ）
言葉：愛読書　愛犬　人を愛する
部首：心（こころ）

試（13画）わすれずに
おん シ
くん こころ-みる　（ため-す）
言葉：試合　試験　節約を試みる
部首：言（ごんべん）

節（13画）はねる
おん セツ　（セチ）
くん ふし
言葉：節分　季節　節約　節目
部首：⺮（たけかんむり）

1 読みがなを書いてから、なぞりなさい。　20点（一つ4）

①（　　　）焼く
②（　　　）群れ
③（　　　）愛する
④（　　　）試みる
⑤（　　　）節目

2 □にあてはまる漢字を書きなさい。

80点（一つ10）

① 魚を［や］いて、ご飯（はん）を食べた。 ☞p.79

② わたしの父は、［ぐんま］で生まれた。

③ 羊の［む］れが通りすぎていった。

④ ［あいどくしょ］は、「アンネの日記」だ。

⑤ ケーキ作りを［こころ］みたが、失敗（しっぱい）した。 ☞p.7 ☞p.67

⑥ 学校のグラウンドでサッカーの［しあい］をした。

⑦ 成（せい）人式は、人生の一つの［ふしめ］だ。 ☞p.13

⑧ 日本には、春・夏・秋・冬と四つの季（き）［せつ］がある。 ☞p.33

⑦の「ふし」、⑧の「せつ」は、「つなぎ目・区切り」という意味があるよ。

②・③は部首を「阝（おおざと）」にすると別（べつ）の漢字になります。音も「グン」と同じなので まちがえないようにしましょう。

43 きほんのドリル

13画 置・働・戦・照・辞

目標時間 15分　合かく80点　/100点

月　日　名前

書いて覚えよう！

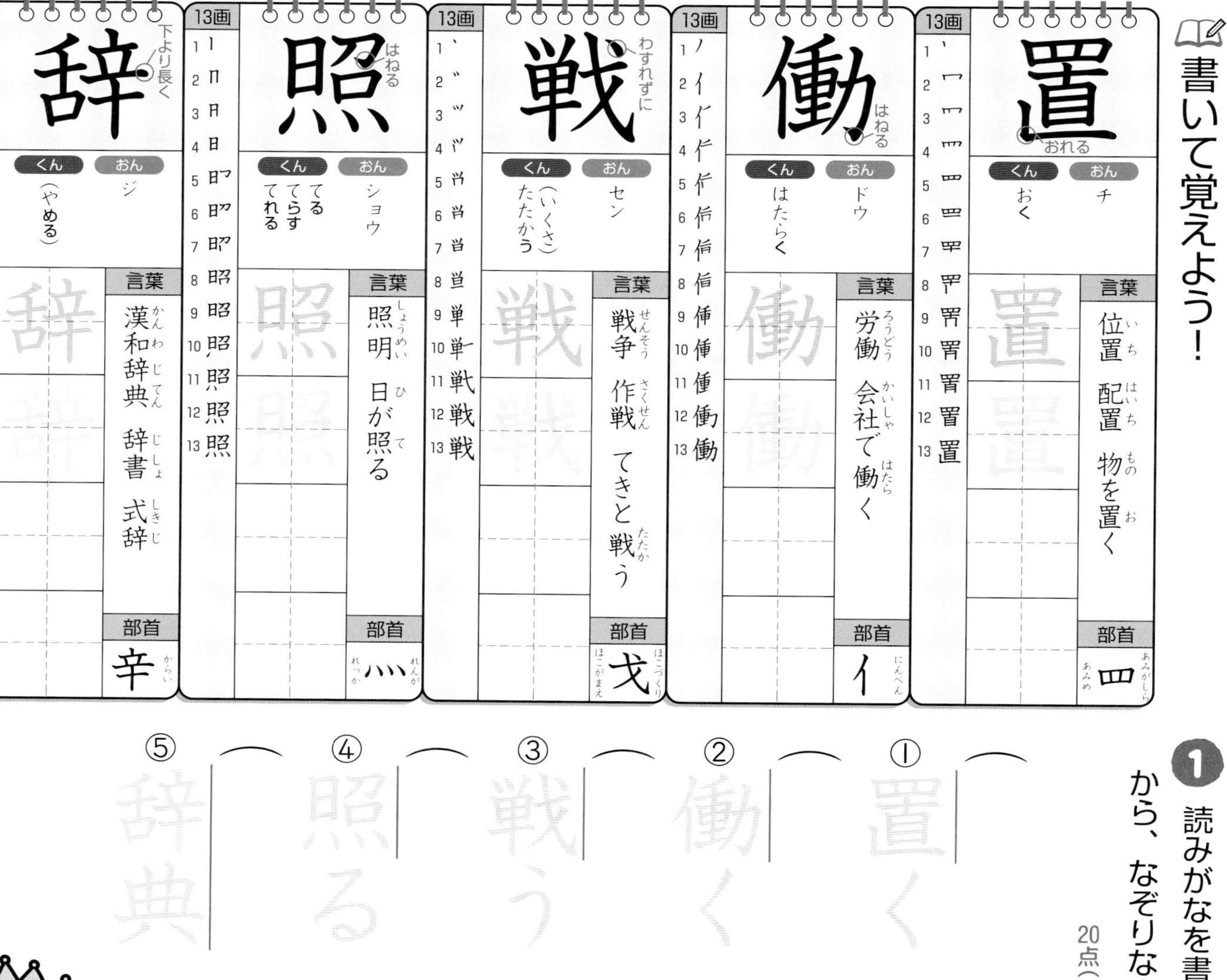

置（13画）
おん：チ　くん：おく
言葉：位置　配置　物を置く
部首：罒（あみがしら・あみめ）

働（13画）
おん：ドウ　くん：はたらく
言葉：労働　会社で働く
部首：亻（にんべん）

戦（13画）
おん：セン　くん：（いくさ）　たたかう
言葉：戦争　作戦　てきと戦う
部首：戈（ほこづくり・ほこがまえ）

照（13画）
おん：ショウ　くん：てる　てらす　てれる
言葉：照明　日が照る
部首：灬（れんが・れっか）

辞（13画）
おん：ジ　くん：（やめる）
言葉：漢和辞典　辞書　式辞
部首：辛（からい）

1 読みがなを書いてから、なぞりなさい。　20点（一つ4）

① 置く（　　）
② 働く（　　）
③ 戦う（　　）
④ 照る（　　）
⑤ 辞典（　　）

2 □にあてはまる漢字を書きなさい。 80点（一つ10）

① テーブルの上に荷物を□（お）く。

② げんざいの位（い）□（ち）を調べる。 ☞p.21

③ 父は、あの会社で□（はたら）いている。

④ 朝九時から夕方五時までが、労（ろう）□（どう）時間になっている。 ☞p.23

⑤ 勇（ゆう）気を出して、てきと□（たたか）う。 ☞p.45

⑥ 今も世界のあちこちで□（せん）争（そう）が起きている。 ☞p.17

⑦ ようやく雨がやみ、日が□（て）ってきた。

⑧ □□□（かんわじ）典（てん）で調べる。 ☞p.43

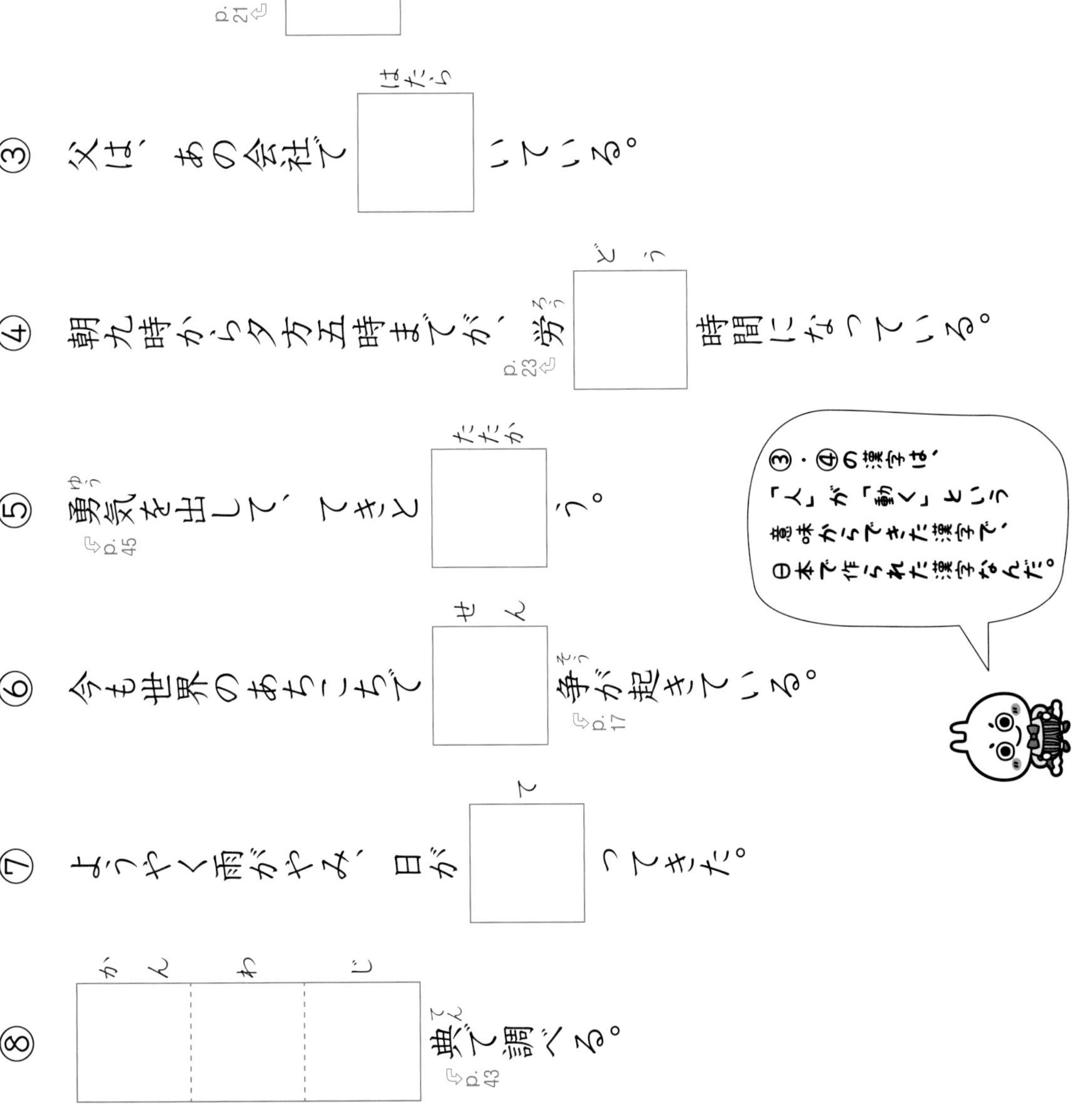

③・④の漢字は、
「人」が「動く」という
意味からできた漢字で、
日本で作られた漢字なんだ。

⑧の「じ典」には「事典」や「字典」などの同音異義（いぎ）語があるので、注意しましょう。

44 きほんのドリル

13画・14画　塩・続・能・徳・説

月	日	目標時間 15分
名前		合かく80点 /100点

1 読みがなを書いてから、なぞりなさい。

20点（一つ4）

① （　　）塩

② （　　）続く

③ （　　）能

④ （　　）道徳

⑤ （　　）説く

書いて覚えよう！

塩（13画）
- おん：エン
- くん：しお
- つける
- 言葉：塩分（えんぶん）　食塩（しょくえん）　塩をふる（しお）
- 部首：土（つちへん）
- 書き順：1〜13

続（13画）
- おん：ゾク
- くん：つづく　つづける
- 短く
- 言葉：続出（ぞくしゅつ）　連続（れんぞく）　話が続く（はなし・つづ）
- 部首：糸（いとへん）
- 書き順：1〜13

能（14画）
- くん：くま
- 上にはねる
- 言葉：熊の親子（くま・おやこ）　熊本（くまもと）
- 部首：灬（れんが・れっか）
- 書き順：1〜14

徳（14画）
- おん：トク
- はねる
- 言葉：徳が高い（とく・たか）　道徳（どうとく）　人徳（じんとく）
- 部首：彳（ぎょうにんべん）
- 書き順：1〜14

説（14画）
- おん：セツ（ゼイ）
- くん：とく
- 上にはねる
- 言葉：伝説（でんせつ）　説明（せつめい）　小説（しょうせつ）　教えを説く（おし・と）
- 部首：言（ごんべん）
- 書き順：1〜14

80点（一つ10）

2 □にあてはまる漢字を書きなさい。

① 体のために［えんぶん］は、なるべくひかえる。

② スープに［しお］を入れて味をととのえる。

③ 広い道路が、どこまでも［つづ］いている。

④ 連（れん）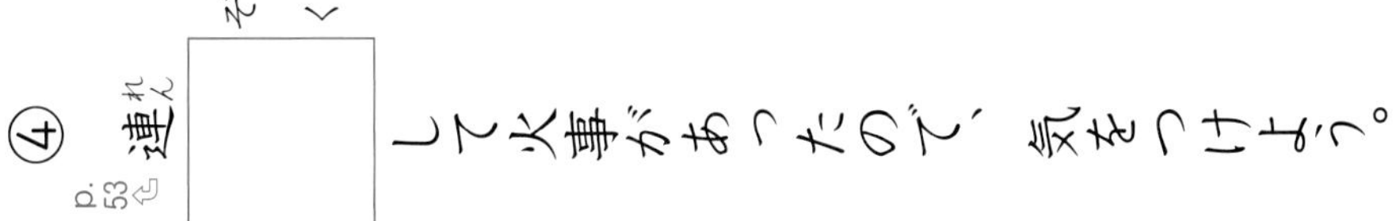［ぞく］して火事があったので、気をつけよう。
p.53

⑤ 川のそばに［くま］の親子がいる。

⑥ 学校で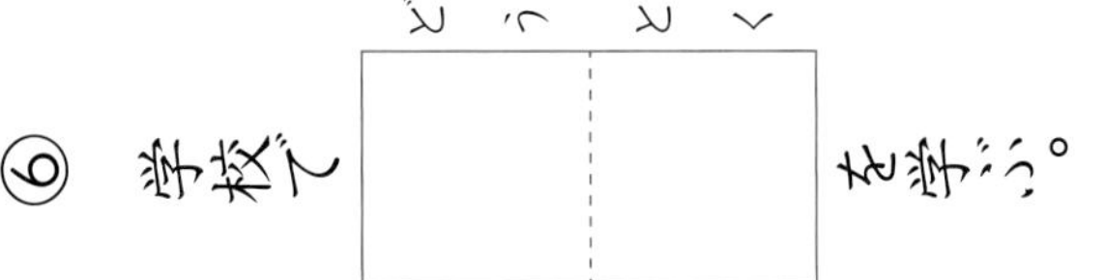［どうとく］を学ぶ。

⑦ 命の大切さを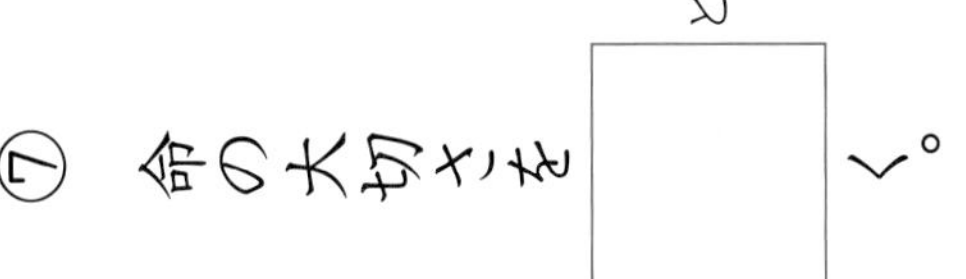［と］く。

⑧ この湖には、いくつかの伝（でん）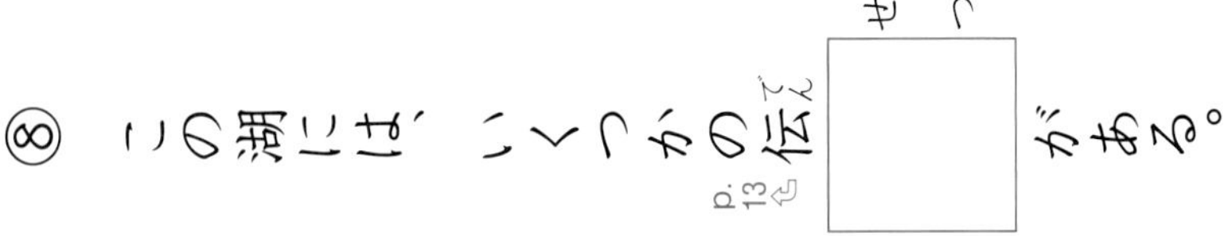［せつ］がある。
p.13

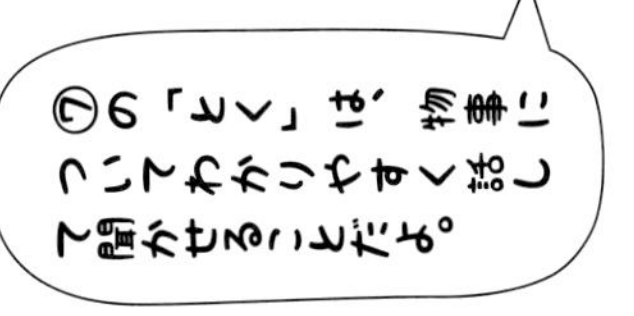

⑦の「とく」は、物事についてわかりやすく話して聞かせることだよ。

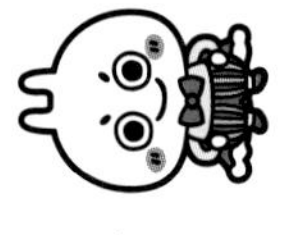

⑤の「くま」の部首は「灬（れんが・れっか）」です。「心」にすると別の漢字になります。

45 まとめのテスト7

1 ――の漢字の読みがなを書きなさい。　48点(一つ4)

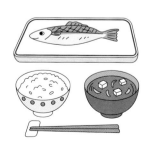

① 前の人に続いてならぶ。

② ご飯のおかずに魚を焼く。

③ わたしの愛読書は、「グリム童話」だ。

④ ちょ金するために、節約を試みる。

⑤ 強い風で満(まん)開のさくらが散ってしまった。

⑥ 道徳について説く。

⑦ 南極に行ってみたい。

⑧ 熊が冬みんから目を覚(さ)ました。

⑨ きちんと順番にならびなさい。

2 □にあてはまる漢字を書きなさい。

52点（一つ4）

① 鹿(しか)の□(む)れが□(しお)をなめていた。

② ケーキを食べて□□(まんぞく)する。

③ 父は□□□(はくぶつかん)で□(はたら)いている。

④ 学校での楽しみの一つは□□(きゅうしょく)だ。

⑤ 夕日に□(て)らされた□□(ふうけい)。

⑥ 国語□□(じてん)で言葉の意味を調べる。

⑦ □□(へいたい)は、□(たたか)うために訓(くん)練されている。

⑧ ゆかの上に、物を□(お)いてはいけない。

⑨ くじらは地球上で□(もっと)も大きな動物だ。

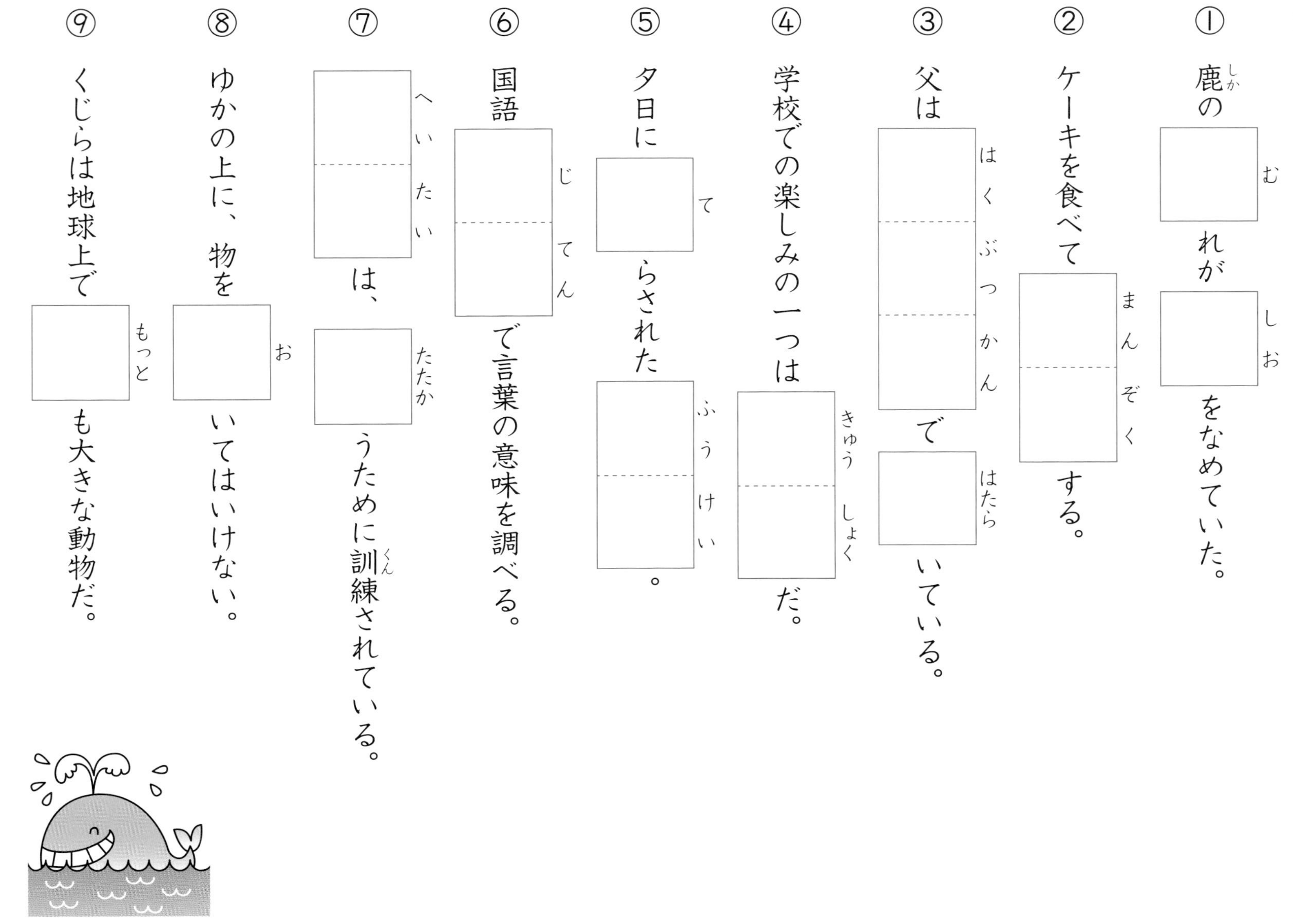

46 きほんのドリル

14画 静・管・関・旗・察

月　日

目標時間(もくひょうじかん) 15分

名前

合かく80点

/100点

書いて覚えよう！

静（14画）
- おん：セイ、ジョウ
- くん：しず、しず（か）、しず（まる）、しず（める）
- 言葉：静止（せいし）、冷静（れいせい）、静けさ（しずけさ）、気を静める（きをしずめる）
- 部首：青（あお）

管（14画）
- おん：カン
- くん：くだ
- 言葉：試験管（しけんかん）、血管（けっかん）、ゴムの管（くだ）
- 部首：⺮（たけかんむり）

関（14画）
- おん：カン
- くん：せき、かか（わる）
- 言葉：関係（かんけい）、関心（かんしん）、関所（せきしょ）、関わる（かかわる）
- 部首：門（もんがまえ）

旗（14画）
- おん：キ
- くん：はた
- 言葉：国旗（こっき）、旗をふる（はたをふる）、白旗（しろはた）、手旗（てばた）
- 部首：方（ほうへん・かたへん）

察（14画）
- おん：サツ
- 言葉：観察（かんさつ）、考察（こうさつ）、察する（さっする）
- 部首：宀（うかんむり）

1 読みがなを書いてから、なぞりなさい。 20点（一つ4）

① 静けさ（　　）
② ゴムの管（　　）
③ 関係（　　）
④ 白旗（　　）
⑤ 観察（　　）

2 □にあてはまる漢字を書きなさい。

80点（一つ10）

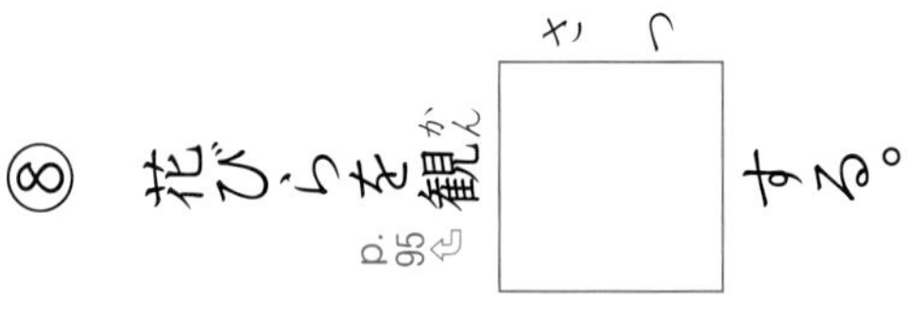

① □（しず）かにして話を聞きなさい。

② かぜのため、三日間□□（あんせい）にしていた。

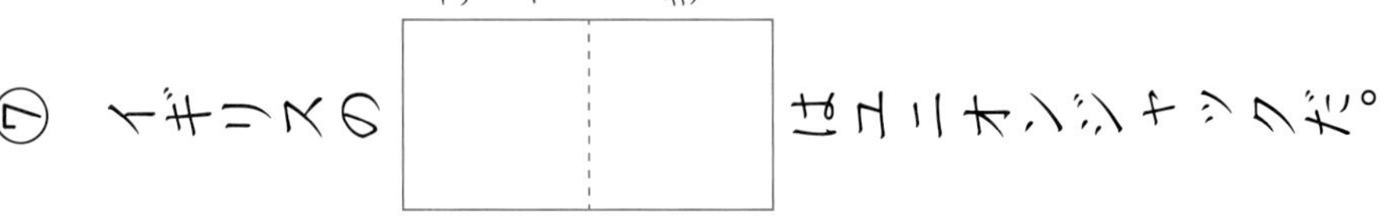

③ 口から□（くだ）を通して、体の中を調べた。

④ ここは□□（せきしょ）のあとである。

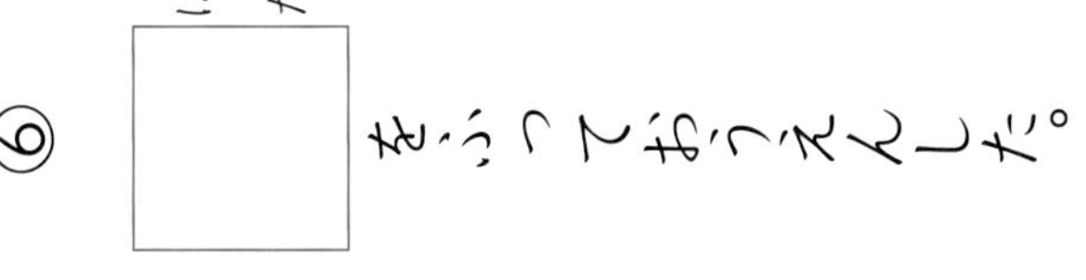

⑤ 雨と気温の□□（かんけい）を調べる。

⑥ □（はた）をふっておうえんした。

④の「せき」と
⑤の「かん」は、
「門（もんがまえ）」を
使った漢字だね。

⑦ イギリスの□□（こっき）はユニオンジャックだ。

⑧ 花びらを観（かん）□（さつ）する。 p.95

③「くだ」の部首は「⺮（たけかんむり）」です。「艹（くさかんむり）」にすると別（べつ）の漢字になるので注意しましょう。

47 きほんのドリル

14画・15画 種・漁・潟・縄・選

月　日　目標時間 15分　名前　合かく80点　/100点

書いて覚えよう！

種（14画）
- おん：シュ　くん：たね
- 言葉：種類（しゅるい）　種目（しゅもく）　種子（しゅし）　菜種（なたね）
- 部首：禾（のぎへん）
- とめる

漁（14画）
- おん：ギョ・リョウ
- 言葉：漁業（ぎょぎょう）　漁船（ぎょせん）　大漁（たいりょう）
- 部首：氵（さんずい）
- とめる

潟（15画）
- くん：かた
- 言葉：新潟（にいがた）　ひ潟（がた）
- 部首：氵（さんずい）
- はなす　はねる

縄（15画）
- おん：（ジョウ）　くん：なわ
- 言葉：縄とび（なわとび）　投げ縄（なげなわ）
- 部首：糸（いとへん）
- 上にはねる

選（15画）
- おん：セン　くん：えらぶ
- 言葉：選手（せんしゅ）　選挙（せんきょ）　委員を選ぶ（いいんをえらぶ）
- 部首：辶（しんにょう・しんにゅう）
- はらう

1 読みがなを書いてから、なぞりなさい。　20点（一つ4）

① 菜種（　　）
② 漁業（　　）
③ 新潟（　　）
④ 縄とび（　　）
⑤ 選ぶ（　　）

80点（一つ10）

2 □にあてはまる漢字を書きなさい。

① 菜（な）□（たね）から油をとった。 ☞p.69

② 鳥の□（しゅ）類（るい）を調べる。 ☞p.97

③ この町は□□（ぎょぎょう）がさかんだ。

④ おじいさんが船で□（りょう）に出る。

③・④はどんな部首だったかな？
水に関係することだから……。

⑤ 新（に）□（がた）県は米の産（さん）地だ。 ☞p.67

⑥ 友だちと□（なわ）とびをして遊んだ。

⑦ 大会の代表に□（えら）ばれた。

⑧ マラソンの□□（せんしゅ）になった。

⑤「がた」は右上が「臼」にならないように注意して書きましょう。

48 15画 熱・養・輪・課・器

名前　　月　日　目標時間15分　合かく80点　/100点

書いて覚えよう！

熱（15画）　上にはねる
- おん：ネツ
- くん：あつい
- 言葉：発熱（はつねつ）　熱意（ねつい）　熱気（ねっき）　熱い湯（あついゆ）
- 部首：灬（れんが・れっか）

養（15画）　はらう
- おん：ヨウ
- くん：やしなう
- 言葉：養分（ようぶん）　栄養（えいよう）　家族を養う（かぞくをやしなう）
- 部首：食（しょく）

輪（15画）　はねる
- おん：リン
- くん：わ
- 言葉：一輪（いちりん）　車輪（しゃりん）　輪投げ（わなげ）
- 部首：車（くるまへん）

課（15画）　とめる
- おん：カ
- 言葉：課題（かだい）　日課（にっか）　課する（かする）
- 部首：言（ごんべん）

器（15画）　出る
- おん：キ
- くん：（うつわ）
- 言葉：器官（きかん）　食器（しょっき）　楽器（がっき）　器用（きよう）
- 部首：口（くち）

1 読みがなを書いてから、なぞりなさい。　20点（一つ4）

① 熱い（　　）
② 養う（　　）
③ 輪投げ（　　）
④ 課題（　　）
⑤ 器官（　　）

80点（一つ10）

2 □にあてはまる漢字を書きなさい。

① すながあつ□くて、す足で歩けない。

② かぜで高いねつ□が出た。

③ 国語の力をやしな□っておこう。

④ 植物は、葉でようぶん□□をつくっている。

⑤ フォークダンスでわ□になっておどった。

⑥ 夏休みにたくさんのかだい□□が出た。

⑦ 心ぞうは、最（もっと）も重要（じゅうよう）なき□官（かん）である。 ☞p.77 ☞p.47 ☞p.37

⑧ たいこはだがっき□□□の仲間（なかま）だ。 ☞p.19

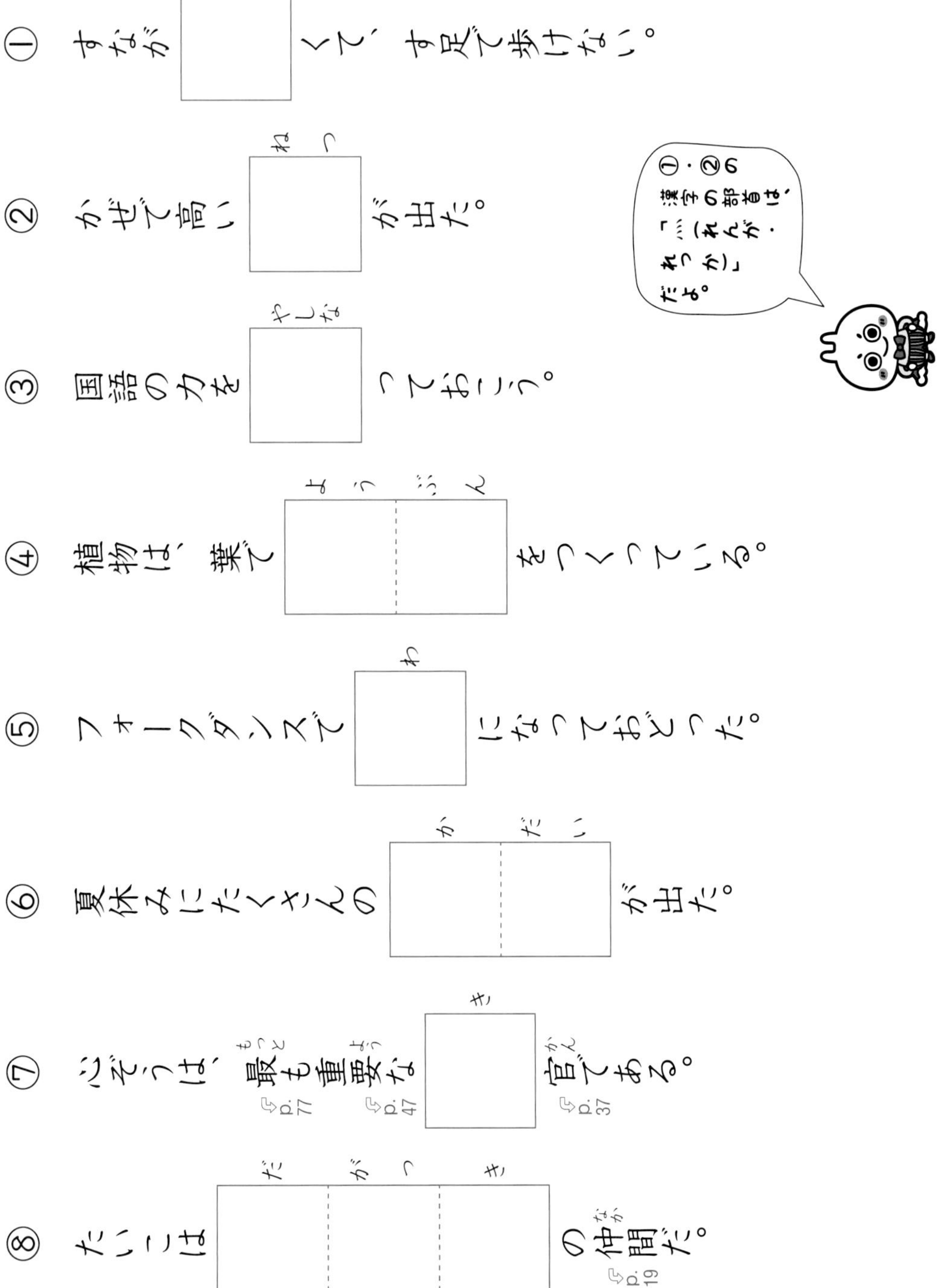

⑦・⑧の「き」は「気」や「機」とまちがえて書かないように注意しましょう。

15画・16画・18画
標・億・機・積・録・観

月　日　目標時間 15分

名前

合かく 80点　/100点

書いて覚えよう！

標（「西」にしない）
おん：ヒョウ
言葉：目標（もくひょう）　標本（ひょうほん）　標高（ひょうこう）
部首：木（きへん）
15画

億（長く）
おん：オク
言葉：億万長者（おくまんちょうじゃ）　一億人（いちおくにん）
部首：亻（にんべん）
15画

機（上にはねる）
おん：キ　くん：（はた）
言葉：機械（きかい）　待機（たいき）　機会（きかい）
部首：木（きへん）
16画

積（長く）
おん：セキ　くん：つむ　つもる
言葉：面積（めんせき）　積極的（せっきょくてき）　雪が積もる（ゆきがつもる）
部首：禾（のぎへん）
16画

録（出ない）
おん：ロク
言葉：録音（ろくおん）　記録（きろく）　録画（ろくが）
部首：金（かねへん）
16画

観（上にはねる）
おん：カン
言葉：観客席（かんきゃくせき）　観察（かんさつ）　観光地（かんこうち）
部首：見（みる）
18画

1 読みがなを書いてから、なぞりなさい。　36点（一つ6）

①（　　）目標

②（　　）億万長者

③（　　）機械

④（　　）積もる

⑤（　　）録音

⑥（　　）観客席

2 □にあてはまる漢字を書きなさい。

64点（1つ8）

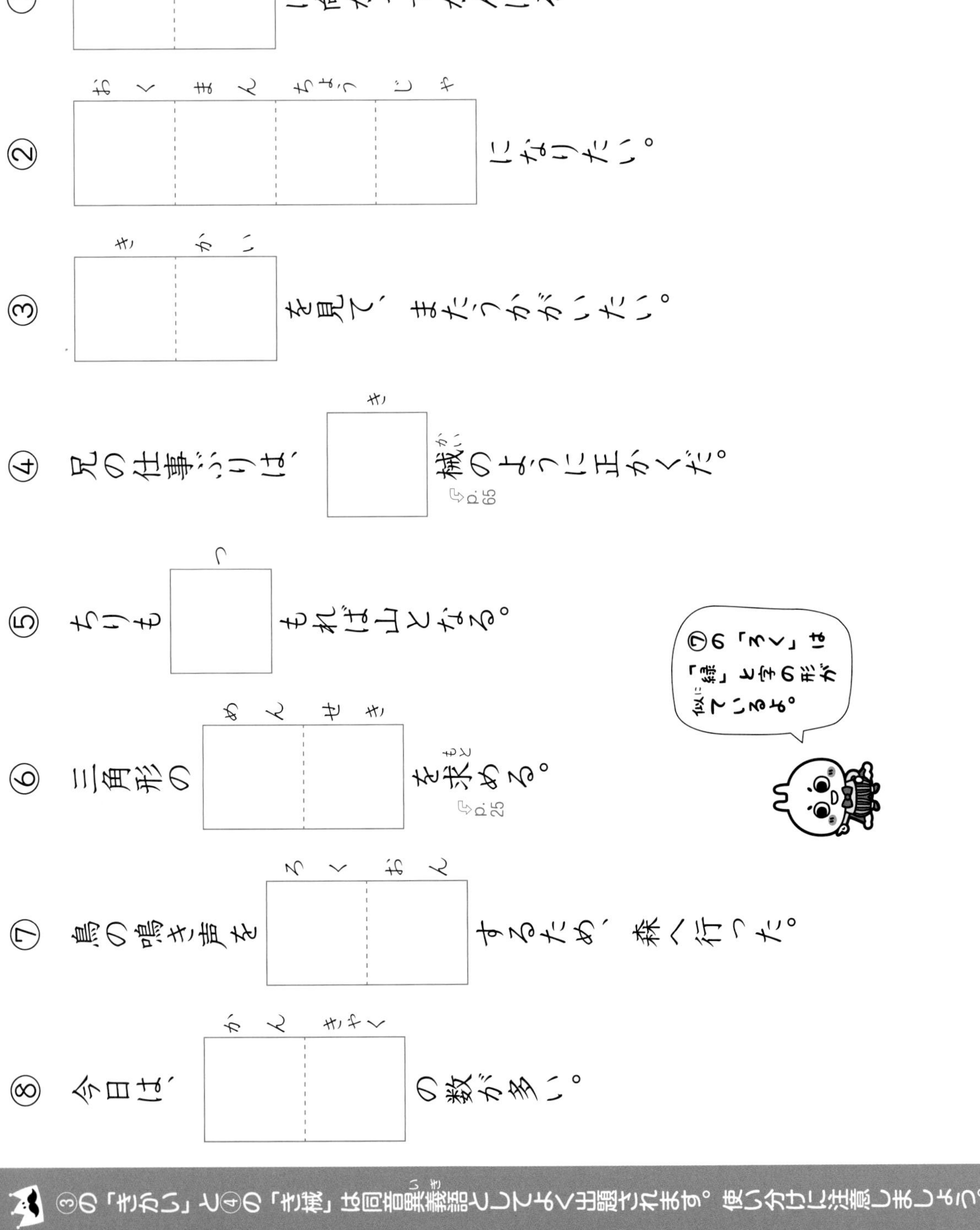

⑦の「ろく」は「緑」と字の形が似ているよ。

① □□（もく・ひょう）に向かってがんばる。

② □□□□（おく・まん・ちょう・じゃ）になりたい。

③ □□（き・かい）を見て、まだつかいたい。

④ 兄の仕事ぶりは、□（き）械のように正かくだ。 ☞p.65

⑤ ちりも□（つ）もれば山となる。

⑥ 三角形の□□（めん・せき）を求める。 ☞p.25

⑦ 鳥の鳴き声を□□（ろく・おん）するため、森へ行った。

⑧ 今日は、□□（かん・きゃく）の数が多い。

③の「きかい」と④の「き械」は同音異義語としてよく出題されます。使い分けに注意しましょう。

50 きほんのドリル

18画・19画・20画
験・類・願・鏡・議・競

名前　月　日

目標時間 15分

合かく80点　/100点

書いて覚えよう！

験（18画）
はねる
おん：ケン（ゲン）
言葉：体験（たいけん）　実験（じっけん）　試験（しけん）　験算（けんざん）
部首：馬（うまへん）

類（18画）
とめる
おん：ルイ
くん：たぐい
言葉：種類（しゅるい）　分類（ぶんるい）　衣類（いるい）　魚の類い（さかなのたぐい）
部首：頁（おおがい）

願（19画）
はねる
おん：ガン
くん：ねがう
言葉：願望（がんぼう）　念願（ねんがん）　幸せを願う（しあわせをねがう）
部首：頁（おおがい）

鏡（19画）
上にはねる
おん：キョウ
くん：かがみ
言葉：望遠鏡（ぼうえんきょう）　三面鏡（さんめんきょう）　鏡を見る（かがみをみる）
部首：金（かねへん）

議（20画）
わすれずに
おん：ギ
言葉：不思議（ふしぎ）　副議長（ふくぎちょう）　会議（かいぎ）　議会（ぎかい）
部首：言（ごんべん）

競（20画）
上にはねる
おん：キョウ　ケイ
くん：（きそう）（せる）
言葉：徒競走（ときょうそう）　競争（きょうそう）　競泳（きょうえい）　競馬場（けいばじょう）
部首：立（たつ）

1 読みがなを書いてから、なぞりなさい。 36点（一つ6）

① 体験（　　）
② 種類（　　）
③ 願う（　　）
④ 鏡（　　）
⑤ 不思議（　　）
⑥ 徒競走（　　）

64点（一つ8）

2 □にあてはまる漢字を書きなさい。

① 初(はじ)めて海外旅行を□□(たいけん)した。（p.25）

② ライオンとネコは同じ種(しゅ)□(るい)の動物だ。（p.91）

③ 平和を□(ねが)う人びとが集まった。

④ □(がん)望(ぼう)は、もち続(つづ)け、そして努(ど)力すれば必(かなら)ずかなう。（p.65）（p.85）（p.23）（p.9）

⑤ □(かがみ)にうつった自分は、別(べつ)人のようだった。（p.21）

⑥ 望(ぼう)遠□(きょう)で星を観(かん)察(さつ)する。（p.65）（p.95）（p.89）

⑦ 不(ふ)思□(ぎ)なことが、次つぎに起こった。（p.5）

⑧ 徒(と)□□(きょうそう)で一位(い)になった。（p.53）（p.21）

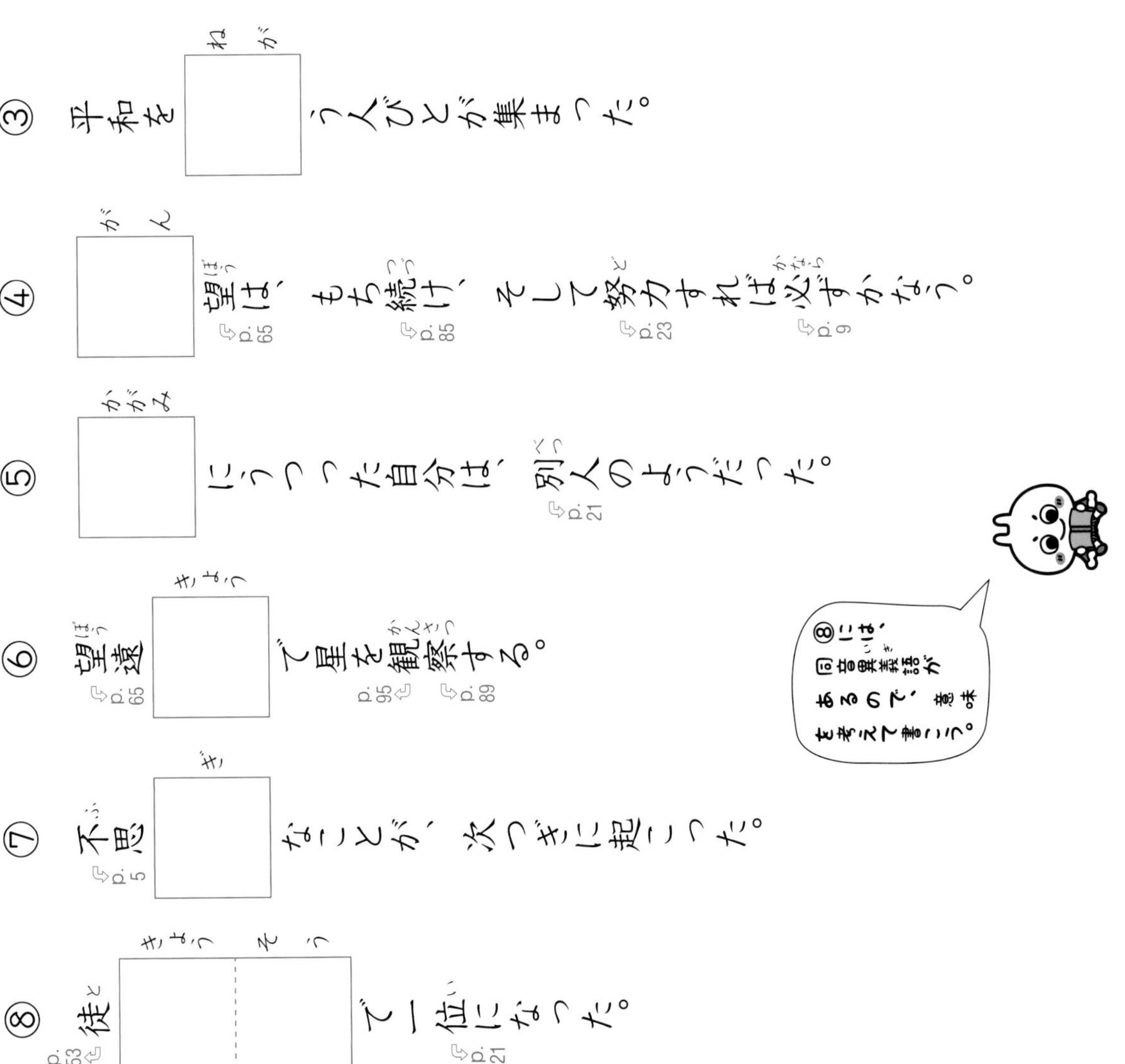

⑧には、同音異義語があるので、意味を考えて書こう。

⑦の「ぎ」は、同じ部分をもつ漢字が多いので注意しましょう。

51 まとめのテスト8

名前　　月　日　目標時間20分　合かく80点　/100点

1 ——の漢字の読みがなを書きなさい。　48点（一つ4）

① 動物の 血管 について 考察 する。

② 雪がたくさん 積 もっていて、外出できません。

③ 自分で 体験 してみないと、わからないことが多い。

④ パン食い 競走 の 選手 になった。

⑤ この 国旗 のマークは、平和を表している。

⑥ 今日の 課題 は、世界の人口を調べることだ。

⑦ 録音 しているので、静 かにしてください。

⑧ 日本は 漁業 のさかんな国だ。

⑨ カスタネットは 打楽器 だ。

2 □にあてはまる漢字を書きなさい。

52点（一つ4）

① □（たね）をまく□□（きかい）を農家共同（きょう）で買った。

② 家族を□（やしな）う。

③ □（あつ）い湯で、体を温める。

④ □□（かんきゃく）のはく手が、いっそう高まった。

⑤ □□（もくひょう）をもち続（つづ）けることが大切だ。

⑥ この□□（せきしょ）には、いくつかの伝説（でんせつ）がある。

⑦ □（なわ）を使って□（わ）を作る。

⑧ □□□□（おくまんちょうじゃ）になれるように□（ねが）う。

⑨ この寺には、不思□（ぎ）な□（かがみ）が残（のこ）されている。

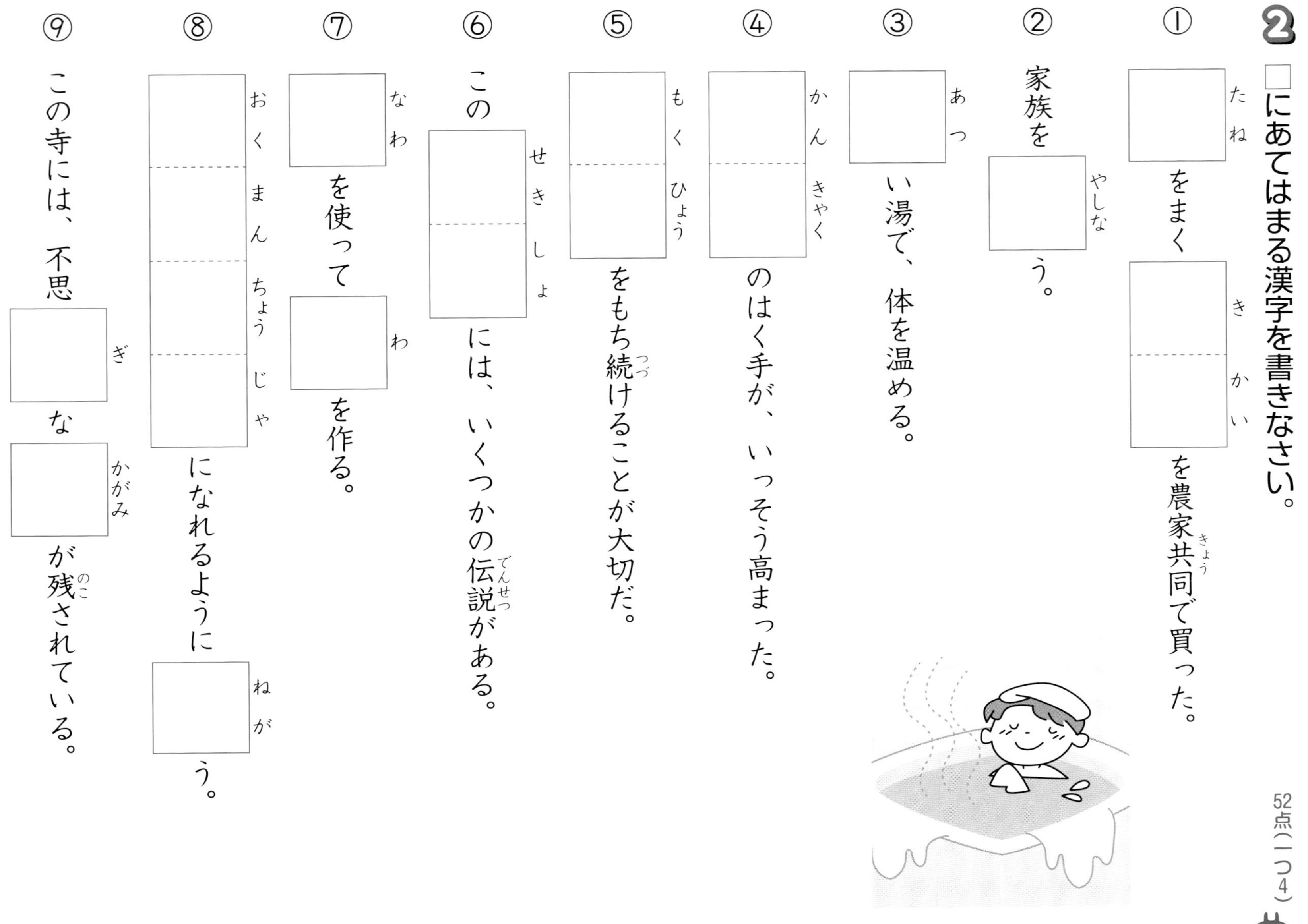

52 仕上げのテスト1

月　日　目標時間 15分
名前
合かく80点　/100点

1 次の——線の漢字の読みがなを書きなさい。　40点(一つ4)

① 気を失う。（　　）
　失敗する。（　　）

② 心に残る。（　　）
　負けて残念。（　　）

③ 年の初め。（　　）
　初雪がふる。（　　）
　今日が初日。（　　）

④ 漢字を覚える。（　　）
　目覚まし時計（　　）
　感覚がなくなる。（　　）

2 次の上と下のじゅく語は同じ読み方をします。□の中に入る漢字を書きなさい。　24点(一つ6)

① 機会——機□を動かす。
② 自動——□童会
③ 意外——これ□外の方法。
④ 電気——□記を読む。

① □　② □　③ □　④ □

3 次の言葉を漢字と送りがなで書きなさい。　36点(一つ6)

① あらそう　② つらなる　③ こころみる
④ となえる　⑤ みちる　⑥ あらためる

①（　　）②（　　）③（　　）
④（　　）⑤（　　）⑥（　　）

53 仕上げのテスト2

名前　　月　日　目標時間（ひょう）15分　合かく80点　/100点

1 それぞれ二字のじゅく語を完成させなさい。　60点（一つ5）

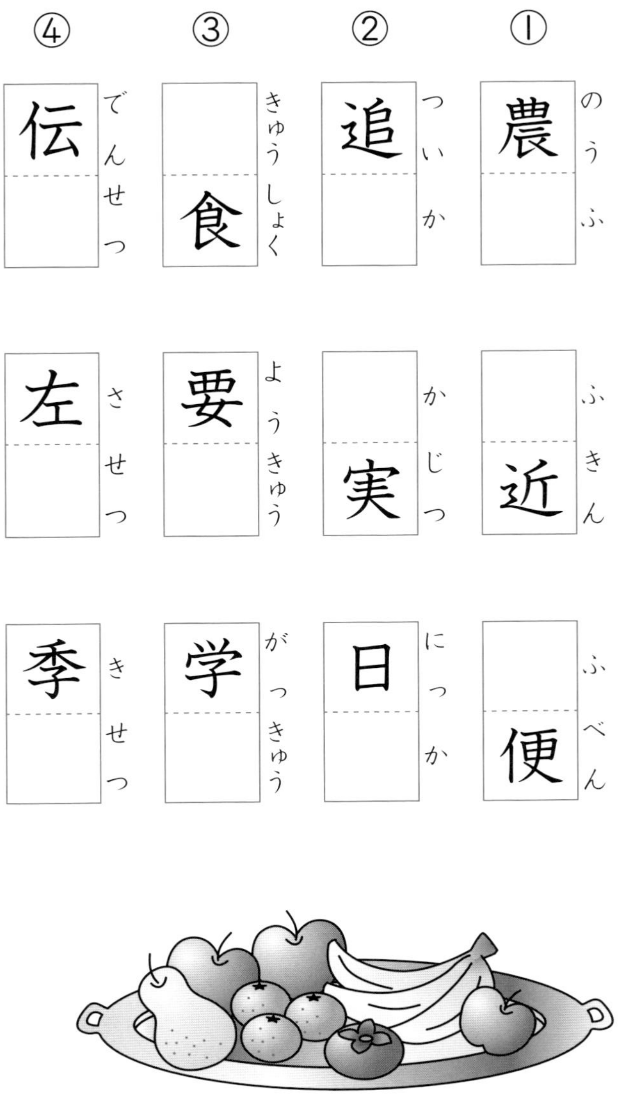

①	農□（のうふ）	□近（ふきん）	□便（ふべん）
②	追□（ついか）	□実（かじつ）	日□（にっか）
③	□食（きゅうしょく）	要□（ようきゅう）	学□（がっきゅう）
④	伝□（でんせつ）	左□（させつ）	季□（きせつ）

2 次の各組の漢字の音読みで、一つだけちがう読み方の漢字があります。その漢字を○でかこみなさい。　40点（一つ8）

① 旗　器　季　希　議

② 不　夫　副　府　付

③ 好　功　候　固　康

④ 自　児　治　辞　氏

⑤ 照　省　唱　松　初

54 仕上げのテスト3

名前　　月　日　目標時間 15分　合かく80点　/100点

1 次の言葉の読みがなを（　）に書きなさい。また、下の□の漢字を組み合わせて反対語（対ぎ語）を作り、〔　〕に書きなさい。

48点（上下二つともできて、一つ16）

〈例〉戦争（せんそう）・〔平和〕

① 不安（　　）・〔　　〕

② 成功（　　）・〔　　〕

③ 便利（　　）・〔　　〕

（平）（和）　心　不　敗　便　安　失

2 あとの□の漢字を組み合わせて、二字のじゅく語を作りなさい。ただし、同じ漢字を二回使ってはいけません。

36点（一つ6）

①（　　）　②（　　）　③（　　）

④（　　）　⑤（　　）　⑥（　　）

養　苦　果　栄　気　残　勇　求　労　念　要　結

3 次の漢字の↑でしめした画は、筆順では何画目に書きますか。□に、その順番を算用数字で書きなさい。

16点（一つ8）

① 健 □

② 飛 □

55 仕上げのテスト4

名前　　月　日　目標時間 15分　合かく80点　/100点

1 □に漢字を書き、三字・四字のじゅく語を完成させなさい。
40点（それぞれ完全にできて、一つ10）

① 感□量

② 心□一転

③ □竹□

④ □食住

2 同じ訓読みをもつ漢字を、それぞれ□に書きなさい。
48点（一つ6）

① かく
ア 歯を□く。
イ 漢字を□く。

② あつい
ア □い夏。
イ □いおふろの湯。

③ さす
ア 日が□す。
イ 右側を□す。

④ たつ
ア ビルが□つ。
イ 台の上に□つ。

3 次の漢字の▒の部分には共通の部首が入ります。その部首を□に書き、（　）にはその部首名を書きなさい。
12点（完答）

▒立　▒魚　▒青　▒苘

□

（　　）

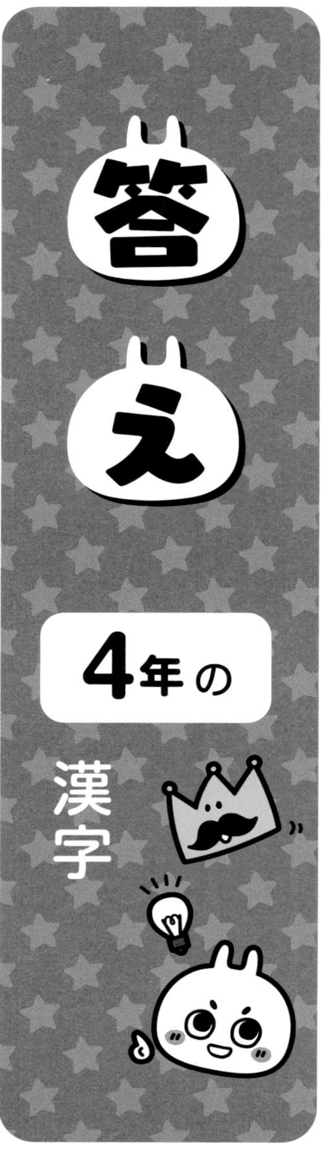

答え 4年の漢字

1 きほんのドリル P.2

❶ ①としょかん ②とんや ③べんきょう ④かせき ⑤しゅくだい ⑥ひょうざん ⑦へんじ ⑧せいり ⑨しゃしん

❷ ①美 ②育 ③体重 ④神様 ⑤投 ⑥黒板 ⑦習 ⑧終

2 きほんのドリル P.3

❶ ①しょちゅう ②しんちょう ③だしゃ ④ちょうし ⑤さいじつ ⑥かい ⑦やきゅう ⑧けんきゅう ⑨うんどうかい

❷ ①安 ②悪 ③世界 ④飲 ⑤受 ⑥笛 ⑦等 ⑧着

3 きほんのドリル P.4

❶ ①ちゅうい ②いしゃ ③くうこう ④ほどうきょう ⑤びょうき ⑥どうわ ⑦かぞく ⑧かんそう ⑨ゆうえんち

❷ ①勝 ②開 ③起 ④幸 ⑤実 ⑥助 ⑦進 ⑧畑

4 きほんのドリル P.5〜6

❶ ①か ②しめい ③いど ④ふじゆう ⑤ふじん

❷ ①欠 ②欠 ③氏名 ④井戸 ⑤不自由 ⑥不気味 ⑦夫 ⑧農夫

5 きほんのドリル P.7〜8

❶ ①しかい ②いがい ③くわ ④なふだ ⑤うしな

❷ ①司会 ②以外 ③加 ④加 ⑤加 ⑥名札 ⑦表札 ⑧失

6 きほんのドリル P.9〜10

❶ ①かなら ②あた ③つ ④せいこう ⑤みらい

❷ ①必 ②必 ③辺 ④辺 ⑤付 ⑥付 ⑦功 ⑧未来

おうちの方へ

「必」は筆順(ひつじゅん)をまちがえやすい漢字です。「心」を先に書かないように注意しましょう。

7 きほんのドリル P.11〜12

❶ ①ゆ・すえ ②しみん ③つつ ④めいれい ⑤いふく

❷ ①末 ②末 ③市民 ④包 ⑤包 ⑥命令 ⑦指令 ⑧衣

8 きほんのドリル P.13〜14

❶ ①す ②せいりつ ③つた ④お ⑤めじるし

❷ ①好 ②成 ③成 ④伝 ⑤伝言 ⑥老 ⑦老人 ⑧印

9 まとめのテスト1 P.15〜16

❶ ①ろうじん・いど ②あた・ぶきみ ③すえ ④かなら・しかい ⑤いがい ⑥しっ ⑦す ⑧ほう ⑨い

おうちの方へ

④「必ず」は送りがなをまちがえやすい漢字です。注意しましょう。

❷ ①欠 ②名札・氏名 ③夫 ④未来・伝 ⑤市民 ⑥命令・成 ⑦印・付 ⑧加 ⑨成

おうちの方へ
「未」は一画目と二画目の横棒の長さを反対にすると「末」になってしまいます。

10 きほんのドリル P.17〜18

1 ①かくち ②あらそ ③いっちょうえん ④でんとう ⑤とも

2 ①各地 ②争 ③争 ④兆 ⑤兆 ⑥電灯 ⑦共通点 ⑧共

11 きほんのドリル P.19〜20

1 ①なかま ②おきあ ③ぎふ ④とさいぬ ⑤おおさか

2 ①仲間 ②仲直 ③沖 ④沖合 ⑤岐 ⑥佐 ⑦土佐犬 ⑧大阪

12 きほんのドリル P.21〜22

1 ①わか ②じどう ③じゅう・くらい ④きしょう ⑤よ

2 ①別 ②区別 ③児童 ④位 ⑤位 ⑥希 ⑦良 ⑧良

おうちの方へ
「児」は、右上が「目」ではなく「日」であることに注意しましょう。

13 きほんのドリル P.23〜24

1 ①くろう ②かしん ③かんせい ④へいたい ⑤つと

2 ①苦労 ②労 ③家臣 ④大臣 ⑤完 ⑥兵 ⑦努 ⑧努力

14 きほんのドリル P.25〜26

1 ①あらた ②しゅげい ③もと ④べんり ⑤はじ

2 ①改 ②改良 ③手芸 ④求 ⑤求 ⑥利 ⑦初 ⑧初心

15 まとめのテスト2 P.27〜28

1 ①はじ・あらそ ②とさいぬ ③あらた ④とも・なかま ⑤ちょう ⑥おおさか ⑦くろう・かしん ⑧き ⑨じどうかい

おうちの方へ
「改」は訓読みのとき、送りがなをまちがえやすいので、注意しましょう。

2 ①位 ②求 ③兵・沖 ④利 ⑤努力・芸 ⑥電灯 ⑦完成・努 ⑧別 ⑨各地・良

おうちの方へ
はねるところ、とめるところなどに注意しながら、正しい筆順で書きましょう。

16 きほんのドリル P.29〜30

1 ①はなたば ②しゅざい ③つめ ④お ⑤ひく

2 ①束 ②花束 ③取材 ④冷 ⑤冷気 ⑥折 ⑦低 ⑧低学年

17 きほんのドリル P.31〜32

1 ①おかやま ②ならく ③ぎふ ④かわぞこ ⑤たと

2 ①岡山 ②奈落 ③奈良 ④岐阜 ⑤川底 ⑥海底 ⑦例 ⑧例

18 きほんのドリル P.33〜34

1 ①な ②ぼくじょう ③えいご ④は ⑤きせつ

2 ①泣 ②牧場 ③英語 ④日英 ⑤果 ⑥果 ⑦季 ⑧四季

19 きほんのドリル P.35〜36

1 ①かた ②まわ ③さほう ④はつが ⑤きょうりょく

2 ①固定 ②固 ③一周 ④周 ⑤方法 ⑥芽 ⑦発芽 ⑧協力

20 きほんのドリル P.37〜38

1 ①さんか ②そつぎょうしき ③きねん ④きかん ⑤きょうとふ

2 ①宮参 ②参 ③卒業 ④念 ⑤念 ⑥官 ⑦官 ⑧京都府

21 まとめのテスト3 P.39〜40

1 ①め ②かん ③さんか ④きねん・はなたば ⑤ぎふ ⑥なら ⑦きょうりょく・お ⑧れい ⑨き・かじつ

おうちの方へ
「岐阜(ぎふ)」と「奈良(なら)」など、地名は漢字ごとではなく、単語(たんご)で覚(おぼ)えるようにしましょう。

2 ①川底・冷 ②低学年 ③岡山・周 ④泣 ⑤卒業式・取材 ⑥英語 ⑦京都府・牧場 ⑧固 ⑨方法

おうちの方へ
「回り」と「周り」など、同訓異字(どうくんいじ)にも注意して、使い分けができるようにしましょう。

22 きほんのドリル P.41〜42

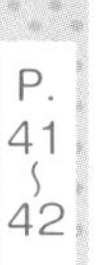

1 ①おさ ②す ③ちょっけい ④まつ ⑤まと・あ

2 ①治 ②治 ③刷 ④刷 ⑤直径 ⑥松竹 ⑦的 ⑧定期的

23 きほんのドリル P.43〜44

1 ①じてん ②いばら・みち ③かお ④じょうかまち ⑤とち・み

2 ①典 ②百科事典 ③茨 ④香 ⑤香 ⑥城下町 ⑦城 ⑧栃木

24 きほんのドリル P.45〜46

1 ①さか ②いさ ③と ④はぶ ⑤さくねん

2 ①栄 ②栄 ③勇 ④飛 ⑤飛行 ⑥省 ⑦反省 ⑧昨年

25 きほんのドリル P.47〜48

1 ①ぐんか ②た ③しんごう ④たんい ⑤ひつよう

2 ①軍歌 ②建 ③建 ④信 ⑤赤信号 ⑥単 ⑦要 ⑧要

おうちの方へ
「建」は形が似(に)ていて音も同じ漢字の「健」と書きまちがえないようにしましょう。

26 きほんのドリル P.49〜50

1 ①あさ ②か ③たよ ④やくそく ⑤いわ

2 ①浅 ②変 ③変化 ④便 ⑤便 ⑥約 ⑦祝 ⑧祝日

27 まとめのテスト4 P.51〜52

1 ①べんり ②やくそく ③しろ・まつ ④とちぎ ⑤いわ・かお ⑥いばらき・じ ⑦はんせいかい ⑧さか ⑨ちょっけい

おうちの方へ
「治」の音読みは「ジ」のほかに、「治世」などで使う「チ」もあります。

2 ①事典 ②飛行 ③勇・軍歌 ④赤信号・変 ⑤建・昨年 ⑥的 ⑦必要・刷 ⑧単位 ⑨浅

おうちの方へ
「かわる」は「変わる」「代わる」などの同訓異字が多い言葉です。前後を読んで使い分けられるようにしましょう。

28 きほんのドリル P.53〜54

1 ①あんない ②のこ ③せいと ④つら ⑤りょうり

2 ①案内 ②残 ③残 ④生徒 ⑤連 ⑥連 ⑦連 ⑧料理

29 きほんのドリル P.55〜56

1 ①うんてんせき ②ひざ ③ゆうがい ④とくべつ ⑤くんよ

2 ①運転席 ②交差点 ③差 ④有害 ⑤特 ⑥特別 ⑦訓 ⑧訓読

30 きほんのドリル P.57〜58

1 ①あ ②あ ③わら ④ぐんぶ ⑤お

2 ①浴 ②入浴 ③挙 ④笑 ⑤郡部 ⑥帯 ⑦帯 ⑧帯

31 きほんのドリル P.59〜60

1 ①きこう ②か ③そうこ ④はつまご ⑤うめ・はな

2 ①気候 ②借 ③借金 ④倉庫 ⑤孫 ⑥子孫 ⑦竹梅 ⑧梅

32 きほんのドリル P.61〜62

❶ ①さいたま ②かわさきし ③こじか ④なし・き ⑤きんか

❷ ①埼玉 ②川崎市 ③鹿 ④鹿 ⑤梨 ⑥山梨 ⑦貨物船 ⑧貨

33 まとめのテスト5 P.63〜64

1 ①てんさ ②きこう ③つら ④のこ ⑤うめ・りょうり ⑥あ・ゆうがい ⑦さいたま・ぐんぶ ⑧あ ⑨うんてんせき

おうちの方へ
「候」の三画目のたて棒を忘れないようにしましょう。

2 ①案内 ②川崎市 ③特別・訓練 ④帯・借 ⑤孫・梨 ⑥生徒 ⑦貨物・倉庫 ⑧笑 ⑨鹿

おうちの方へ
「練」は形が似ていて音も同じ漢字の「連」とまちがえないようにしましょう。

34 きほんのドリル P.65〜66

❶ ①けんぜん ②けんこう ③きかい ④りくち ⑤のぞ

❷ ①健全 ②健康 ③小康 ④械 ⑤陸地 ⑥上陸 ⑦望 ⑧望遠

35 きほんのドリル P.67〜68

❶ ①とうひょう ②う ③すばこ ④きよ ⑤やぶ

❷ ①投票 ②産 ③産業 ④巣箱 ⑤清 ⑥清書 ⑦敗 ⑧敗

36 きほんのドリル P.69〜70

❶ ①な・はな ②がわ ③とな ④ふくかいちょう ⑤えひめ

❷ ①菜 ②野菜 ③側 ④側面 ⑤唱 ⑥合唱 ⑦副 ⑧媛

37 きほんのドリル P.71〜72

❶ ①ねんが ②しが ③と ④まちかど ⑤おぼ

❷ ①年賀 ②滋賀 ③富 ④富 ⑤街角 ⑥商店街 ⑦目覚 ⑧感覚

38 きほんのドリル P.73〜74

❶ ①むす ②はったつ ③はか ④な ⑤しぜん

❷ ①結 ②結 ③発達 ④大量 ⑤無 ⑥無事 ⑦自然 ⑧天然

39 まとめのテスト6 P.75〜76

1 ①しょうてんがい・ねんが ②と ③きよ ④ふく ⑤とうひょう ⑥す・う ⑦しが・やさい ⑧とな ⑨ぼうえん

おうちの方へ
「滋」の音は「ジ」ですが、「滋賀県」と県名になると「シ」と読みます。

2 ①無事・上陸 ②側 ③結・達 ④失敗 ⑤械・大量 ⑥菜 ⑦合唱・覚 ⑧自然 ⑨健康

おうちの方へ
「きかい」は「機会」「器械」など、同音異義語が多いので、使い分けに注意して覚えましょう。

40 きほんのドリル P.77〜78

❶ ①もっと ②ふうけい ③せっきょくてき ④きゅうしょく ⑤ち

❷ ①最 ②最後 ③風景 ④極的 ⑤給食 ⑥自給自足 ⑦散 ⑧散歩

41 きほんのドリル P.79〜80

❶ ①じゅんばん ②へいたい ③み ④はくぶつかん ⑤ひるめし

❷ ①順 ②筆順 ③隊 ④満 ⑤満点 ⑥博物館 ⑦昼飯 ⑧夕飯

42 きほんのドリル P.81〜82

❶ ①や ②む ③あい ④こころ ⑤ふしめ

❷ ①焼 ②群馬 ③群 ④愛読書 ⑤試 ⑥試合 ⑦節目 ⑧節

43 きほんのドリル P.83~84

1 ①お ②はたら ③たたか ④て ⑤じてん

2 ①置 ②置 ③働 ④働 ⑤戦 ⑥戦 ⑦照 ⑧漢和辞

44 きほんのドリル P.85~86

1 ①しお ②つづ ③くま ④どうとく ⑤と

2 ①塩分 ②塩 ③続 ④続 ⑤熊 ⑥道徳 ⑦説 ⑧説

45 まとめのテスト7 P.87~88

1 ①つづ ②はん・や ③あいどくしょ ④せつやく・こころ ⑤ち ⑥どうとく・と ⑦なんきょく ⑧くま ⑨じゅんばん

おうちの方へ
「飯」は「めし」と読むときと「ハン」と読むときがあります。「飯」一字だと「めし」と読みますが、「ご」が前につくと「ごはん」となります。

2 ①群・塩 ②満足 ③博物館・働 ④給食 ⑤照・風景 ⑥辞典 ⑦兵隊・戦 ⑧置 ⑨最

おうちの方へ
「じてん」は「字典」「事典」「辞典」と同音異義語(いぎ)が多く、さらに見分けにくくなっています。「百科事典」「国語辞典」のように言葉を組み合わせた形で覚(おぼ)えるとよいでしょう。

46 きほんのドリル P.89~90

1 ①しず ②くだ ③かんけい ④しろはた ⑤かんさつ

2 ①静 ②安静 ③管 ④関所 ⑤関係 ⑥旗 ⑦国旗 ⑧察

47 きほんのドリル P.91~92

1 ①なたね ②ぎょぎょう ③にいがた ④なわ ⑤えら

2 ①種 ②種 ③漁業 ④漁 ⑤潟 ⑥縄 ⑦選 ⑧選手

48 きほんのドリル P.93~94

1 ①あつ ②やしな ③わな ④かだい ⑤きかん

2 ①熱 ②熱 ③養 ④養分 ⑤輪 ⑥課題 ⑦器 ⑧打楽器

49 きほんのドリル P.95~96

1 ①もくひょう ②おくまんちょうじゃ ③きかい ④つ ⑤ろくおん ⑥かんきゃくせき

2 ①目標 ②億万長者 ③機会 ④機 ⑤積 ⑥面積 ⑦録音 ⑧観客

50 きほんのドリル P.97~98

1 ①たいけん ②しゅるい ③ねが ④かがみ ⑤ふしぎ ⑥ときょうそう

2 ①体験 ②類 ③願 ④願 ⑤鏡 ⑥鏡 ⑦議 ⑧競走

おうちの方へ
「きょうそう」は「競走」と「競争」をまちがえることが多いので注意しましょう。

51 まとめのテスト8 P.99~100

1 ①けっかん・こうさつ ②つ ③たいけん ④きょうそう・せんしゅ ⑤こっき ⑥かだい ⑦ろくおん・しず ⑧ぎょぎょう ⑨だがっき

おうちの方へ
「積」は送りがなをつけるときに、「積る」などとまちがえやすいので注意しましょう。

2 ①種・機械 ②養 ③熱 ④観客 ⑤目標 ⑥関所 ⑦縄・輪 ⑧億万長者・願 ⑨議・鏡

おうちの方へ
「熱」の部首は「れんが・れっか」です。点を四つきちんと打ちましょう。ほかの漢字も、はねる、とめる、はらうなどに注意して、筆(ひつ)順(じゅん)にも気をつけて書くようにします。

52 仕上げのテスト1

P.101

1 ①うしな・しっ　②のこ・ざん　③はじ・はつ・しょ　④おぼ・ざ・かく

おうちの方へ

一つの漢字で複数の読みがあることを確認する問題です。「覚」の訓読みは「おぼ（える）」と「さ（ます）」ですが、「目覚まし」となったときは「ざ」となることに注意してください。

2 ①械　②児　③以　④伝

おうちの方へ

「きかい」と読む熟語は、ほかに「器械」があります。それぞれどのようなときに使うかを考えて覚えましょう。

3 ①争う　②連なる　③試みる　④唱える　⑤満ちる　⑥改める

おうちの方へ

送りがなをまちがえやすい漢字です。「連」は「つら（なる）」という読み以外に、「つ（れる）」という訓読みもあります。「連らなる」としないように注意が必要です。「試」も、「試る」などと送りがなをまちがえることや、「心みる」とまちがえて書くことがありますので、しっかりと覚えましょう。

53 仕上げのテスト2

P.102

1 ①夫・付・不　②加・果・課　③給・求・級　④説・折・節

おうちの方へ

同音の漢字の使い分けの問題です。意味を考えながら熟語を完成させます。漢字だけで覚えてしまうと、このような同音の問題でとまどうことになります。漢字を覚えるときには、必ず意味を確認し、熟語もいっしょに覚えるようにしましょう。書くときには、楷書でていねいに書くようにしてください。「夫」は三画目が上に出なかったり、横棒の長さをいいかげんに書いたりすると、「天」となることもありますので、注意しましょう。

2 ①議　②副　③固　④氏　⑤初

おうちの方へ

①は「議」だけが「ギ」。ほかは「キ」と読みます。②は「副」だけが「フク」。ほかは「フ」と読みます。③は「固」だけが「コ」。ほかは「コウ」と読みます。④は「氏」だけが「シ」。ほかは「ジ」と読みます。⑤は「初」だけが「ショ」。ほかは「ショウ」と読みます。「省」は「セイ」と「ショウ」の二種類の音読みをもっていますので、注意が必要です。

54 仕上げのテスト3 P.103

1 ①ふあん・安心 ②せいこう・失敗
③べんり・不便

おうちの方へ
熟語の読みと反対語の問題です。反対語には「成功」と「失敗」のように二字ともちがう字の熟語の組み合わせと、「不安」と「安心」、「便利」と「不便」のように共通する一字をもつ組み合わせがあります。一字が共通する反対語としては、ほかに「以上」と「以下」、「登校」と「下校」のようなものがあります。二字ともちがう反対語としては、ほかに「現実」と「理想」、「過去」と「未来」のようなものがあります。

2 ①栄養 ②苦労 ③結果 ④勇気 ⑤残念
⑥要求（①〜⑥順不同）

おうちの方へ
よく使われる熟語なので、特にむずかしい問題ではありませんが、ふだんから漢字を覚えるときに熟語もいっしょに覚えるようにしていないと、どの漢字とどの漢字を組み合わせればよいのかわからなくなります。漢字を覚えるときには、熟語をいくつか作って覚えるようにするとよいでしょう。

3 ①11 ②4

おうちの方へ
筆順をまちがえやすい漢字です。まちがえた場合は、きほんのドリルの漢字表で書き順を確認して覚えるようにしましょう。ほかの漢字も書き順がわからなくなったら、必ず漢字表で確認するようにしましょう。

55 仕上げのテスト4 P.104

1 ①無 ②機 ③松・梅 ④衣

おうちの方へ
熟語はそれぞれ①「感無量」、②「心機一転」、③「松竹梅」、④「衣食住」となります。「感無量」とは、「何も言えないほど感じ入るさま」のことで、「心機一転」とは、「あるきっかけで気持ちを切りかえること」です。

2 ①ア 欠・イ 書 ②ア 暑・イ 熱
③ア 差・イ 指 ④ア 建・イ 立

おうちの方へ
同じ訓読みをもつ漢字のことを同訓異字といいます。どれもまちがえやすいものばかりですので、意味を考えて使い分けられるようにしましょう。例えば、「気温が高くてあつい」は「暑い」、「温度が高くてあつく感じられる」は「熱い」となります。

3 （部首）氵（部首名）さんずい

おうちの方へ
漢字はそれぞれ「泣」「漁」「清」「満」となります。共通する部首がなかなか思いつかなかったら、どれか一つ漢字を完成させて、その部首をほかの漢字にもあてはめてみるようにし、ちがったらまたほかの漢字を考えるようにすると、解答しやすくなります。

読み方さくいん

- 四年生で習う漢字を、音読みの五十音順にならべています。
- 音読みがない漢字や、小学校で音読みを習わない漢字は、訓読みをのせています。

ア

- 愛 アイ……81
- 浅 あさ(い)……49
- 案 アン……53
- 井 い……5
- 以 イ……7
- 衣 イ……11
- 位 イ……21
- 茨 いばら……43
- 印 イン……13
- 英 エイ……33
- 栄 エイ……45
- 塩 エン……85
- 媛 エン……69
- 岡 おか……31
- 沖 おき……19
- 億 オク……95

カ

- 加 カ……7
- 果 カ……33
- 香 か……43
- 貨 カ……61
- 課 カ……93
- 芽 ガ……35
- 賀 ガ……71
- 改 カイ……25
- 械 カイ……65
- 害 ガイ……55
- 街 ガイ……71
- 各 カク……17
- 覚 カク……71
- 潟 かた……91
- 完 カン……23
- 官 カン……37
- 管 カン……89
- 関 カン……89
- 観 カン……95
- 願 ガン……97
- 岐 キ……19
- 希 キ……21
- 季 キ……33
- 旗 キ……89
- 器 キ……93
- 機 キ……95
- 議 ギ……97
- 求 キュウ……25
- 給 キュウ……77
- 挙 キョ……57
- 漁 ギョ……91
- 共 キョウ……17
- 協 キョウ……35
- 鏡 キョウ……97
- 競 キョウ……97
- 極 キョク……77
- 熊 くま……85
- 訓 クン……55
- 軍 グン……47
- 郡 グン……57
- 群 グン……81
- 径 ケイ……41
- 景 ケイ……77
- 芸 ゲイ……25
- 欠 ケツ……5
- 結 ケツ……73
- 建 ケン……47
- 健 ケン……65
- 験 ケン……97
- 固 コ……35
- 功 コウ……9
- 好 コウ……13
- 候 コウ……59
- 康 コウ……65

サ

- 佐 サ……19
- 差 サ……55
- 埼 さい……61
- 菜 サイ……69
- 最 サイ……77
- 材 ザイ……29
- 崎 さき……61
- 昨 サク……45
- 札 サツ……7
- 刷 サツ……41
- 察 サツ……89
- 参 サン……37
- 産 サン……67
- 散 サン……77
- 残 ザン……53
- 氏 シ……5
- 司 シ……7
- 試 シ……81
- 児 ジ……21
- 治 ジ……41
- 滋 ジ……71
- 辞 ジ……83
- 鹿 しか……61
- 失 シツ……7
- 借 シャク……59
- 種 シュ……91
- 周 シュウ……35
- 祝 シュク……49
- 順 ジュン……79
- 初 ショ……25
- 松 ショウ……41
- 唱 ショウ……69
- 照 ショウ……83
- 城 ジョウ……43
- 臣 シン……23
- 信 シン……47
- 巣 す……67
- 成 セイ……13
- 省 セイ……45
- 清 セイ……67
- 静 セイ……89
- 席 セキ……55
- 積 セキ……95
- 折 セツ……29
- 節 セツ……81
- 説 セツ……85
- 戦 セン……83
- 選 セン……91
- 然 ゼン……73
- 争 ソウ……17
- 倉 ソウ……59
- 束 ソク……29
- 側 ソク……69
- 続 ゾク……85
- 卒 ソツ……37
- 孫 ソン……59

タ

- 帯 タイ……57
- 隊 タイ……79
- 達 タツ……73
- 単 タン……47
- 置 チ……83
- 兆 チョウ……17
- 低 テイ……29
- 底 テイ……31
- 的 テキ……41
- 典 テン……43
- 伝 デン……13
- 徒 ト……53
- 努 ド……23
- 灯 トウ……17
- 働 ドウ……83
- 特 トク……55
- 徳 トク……85
- 栃 とち……43

ナ

- 奈 ナ……31
- 仲 なか……19
- 泣 な(く)……33
- 梨 なし……61
- 縄 なわ……91
- 熱 ネツ……93
- 念 ネン……37

ハ

- 敗 ハイ……67
- 梅 バイ……59
- 博 ハク……79
- 阪 ハン……19
- 飯 ハン……79
- 飛 ヒ……45
- 必 ヒツ……9
- 票 ヒョウ……67
- 標 ヒョウ……95
- 不 フ……5
- 夫 フ……5
- 付 フ……9
- 阜 フ……31
- 府 フ……37
- 富 フ……71
- 副 フク……69
- 兵 ヘイ……23
- 別 ベツ……21
- 辺 ヘン……9
- 変 ヘン……49
- 便 ベン……49
- 包 ホウ……11
- 法 ホウ……35
- 望 ボウ……65
- 牧 ボク……33

マ

- 末 マツ……11
- 満 マン……79
- 未 ミ……9
- 民 ミン……11
- 無 ム……73

ヤ

- 約 ヤク……49
- 焼 や(く)……81
- 勇 ユウ……45
- 要 ヨウ……47
- 養 ヨウ……93
- 浴 ヨク……57

ラ

- 利 リ……25
- 陸 リク……65
- 良 リョウ……21
- 料 リョウ……53
- 量 リョウ……73
- 輪 リン……93
- 類 ルイ……97
- 令 レイ……11
- 冷 レイ……29
- 例 レイ……31
- 連 レン……53
- 老 ロウ……13
- 労 ロウ……23
- 録 ロク……95

ワ

- 笑 わら(う)……57